A DÁDIVA MAIOR

Binka Le Breton

A DÁDIVA MAIOR

A vida e a morte corajosas
da irmã Dorothy Stang

tradução:
Renato Rezende

prefácio:
Irmã Elizabeth Bowyer

Copyright © 2007 by Binka Le Breton
Copyright da tradução © 2008 by Editora Globo S. A.

Essa tradução foi publicada mediante acordo com the Doubleday Broadway Publishing Group, uma divisão de Random House, Inc.

Todos os direitos reservados. Nenhuma parte desta edição pode ser utilizada ou reproduzida – em qualquer meio ou forma, seja mecânico ou eletrônico, fotocópia, gravação etc. – nem apropriada ou estocada em sistema de bancos de dados, sem a expressa autorização da editora.

Título original: The greatest gift: the courageous life and martyrdom of sister Dorothy Stang

Preparação: Beatriz de Freitas Moreira
Revisão: Carmem T. S. Costa e Valquíria Della Pozza
Capa: Eduardo Campos / Estúdio Darshan
Foto de capa: Carlos Silva / Imapress / AE

Dados Internacionais de Catalogação na Publicação (CIP)
(Câmara Brasileira do Livro, SP, Brasil)

Le Breton, Binka
  A dádiva maior : a vida e a morte corajosas da irmã Dorothy Stang / Binka Le Breton ; tradução Renato Rezende. – São Paulo : Globo, 2008.

  Título original: The greatest gift: the courageus life and martyrdom of sister Dorothy Stang
  ISBN 978-85-250-4518-8

  1. Desmatamento – Amazônia 2. Irmã da Notre Dame de Namur – Brasil – Biografia 3. Irmã da Notre Dame de Namur – Estados Unidos – Biografia 4. Igreja Católica – Missões – Brasil 5. Stang, Dorothy, 1931-2005. Título.

08-03063   CDD-271.97092

Índice para catálogo sistemático:
1. Irmã da Notre Dame de Namur : Religiosas :
Biografia e obra 271.97092

Direitos de edição em língua portuguesa
adquiridos por Editora Globo S. A.
Av. Jaguaré, 1485 – 05346-902 – São Paulo, SP
www.globolivros.com.br

Para as irmãs de Notre Dame de Namur

Sumário

Prefácio		9
Introdução		13
UM	A irmã Dorothy na Amazônia	19
DOIS	Os dias em Dayton	31
TRÊS	A entrada na vida religiosa	47
QUATRO	Os primeiros passos na missão	59
CINCO	O período inicial no Brasil	71
SEIS	Aprofundamento	85
SETE	"Homens sem terra para terra sem homens"	97
OITO	O batismo de fogo	109
NOVE	A Rodovia Transamazônica	119
DEZ	A vida na Transamazônica	133
ONZE	Teologia de criação	145
DOZE	Vivendo a teologia de criação	155
TREZE	Os conflitos pela terra	169
CATORZE	Sustentabilidade: o sonho impossível?	181
QUINZE	O anjo da Amazônia	197
DEZESSEIS	Uma morte anunciada	209
DEZESSETE	11 de fevereiro de 2005	217
DEZOITO	12 de fevereiro de 2005	231
Epílogo		243

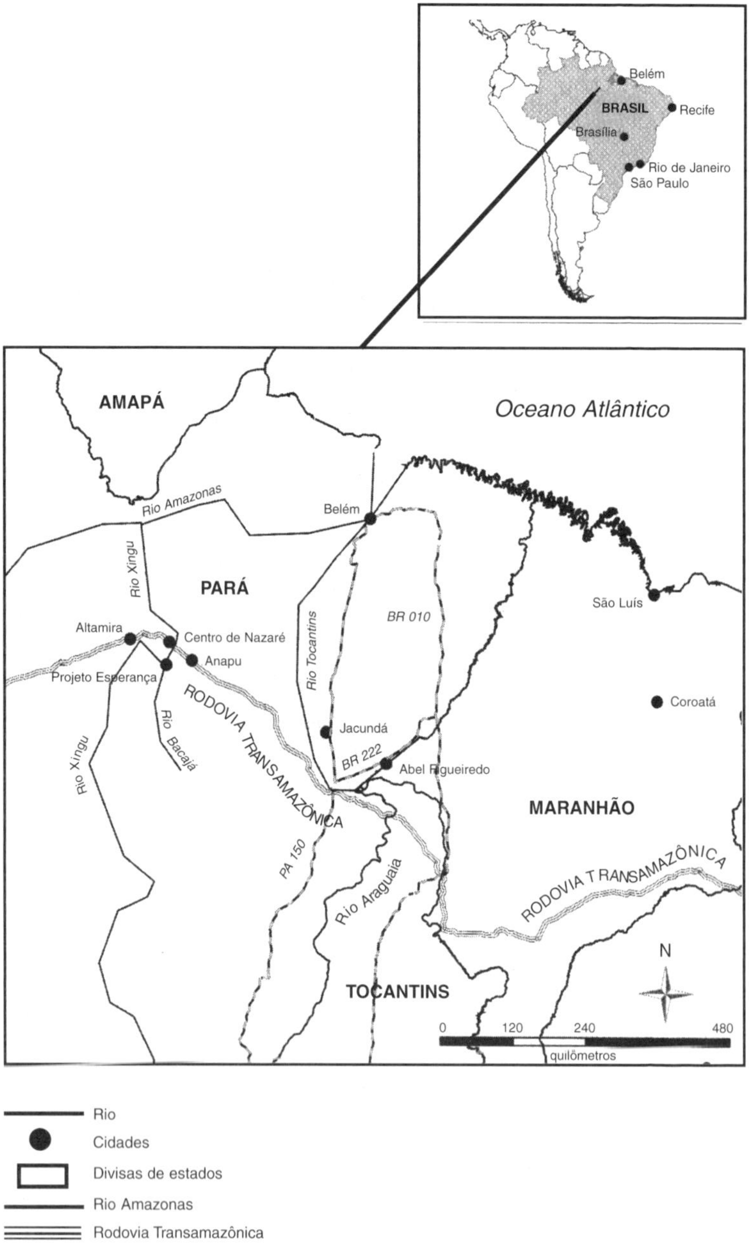
Belém
BRASIL
Recife
Brasília
Rio de Janeiro
São Paulo
AMAPÁ
Oceano Atlântico
Rio Amazonas
Belém
Rio Xingu
PARÁ
São Luís
Rio Tocantins
BR 010
Altamira
Centro de Nazaré
Anapu
Projeto Esperança
RODOVIA TRANSAMAZÔNICA
Rio Bacajá
Coroatá
Jacundá
BR 222
Abel Figueiredo
Rio Xingu
MARANHÃO
PA 150
Rio Araguaia
RODOVIA TRANSAMAZÔNICA
N
TOCANTINS
0
120
240
480
quilômetros
Rio
Cidades
Divisas de estados
Rio Amazonas
Rodovia Transamazônica

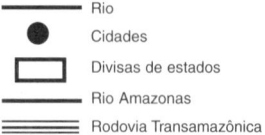

Prefácio

A IRMÃ DOROTHY STANG foi morta na floresta amazônica do Brasil. No entanto, ela não deve ser considerada uma vítima de assassinato. Vítimas de assassinato não têm alternativas; sua vida é tomada. Ninguém tirou a vida da irmã Dorothy. Ela podia escolher algo diferente. Dorothy doou sua vida total e livremente. Deu à sua vida toda a sua vida. É isso o que há de tão especial nesta freira missionária.

Lembro-me de conversar com Dorothy no estacionamento da nossa casa provincial no verão anterior à sua morte. Já sabendo qual seria a resposta, eu perguntei: "Dot, tem certeza de que quer voltar para o Brasil?". Todos nós sabíamos que sua vida estava em risco. Ela lançou-me um olhar incrédulo e retrucou: "Aquele é meu povo. Quero voltar para unir-me a eles em seus esforços". Não seria possível imaginar uma resposta diferente.

Dot encontrou o sentido da vida na doação do amor. Como uma criança que cresceu em uma família de nove irmãos e irmãs, ela rapidamente aprendeu o dar e receber da vida familiar — punha-se com freqüência na posição de doadora. Ela se tornou uma irmã da Notre Dame de Namur para poder doar-se em benefício das pessoas pobres e sem instrução. Esse desejo passional não estava fundamentado em um complexo de mártir. Dorothy encontrava grande alegria nessa autodoação. Ela amava as pessoas com quem trabalhava — as crianças nas salas de aula em Chicago ou Phoenix, as famílias de imigrantes mexicanos, os colonos camponeses brasileiros. Havia riso e divertimento onde quer que ela estivesse e na companhia de quem fosse.

Esse simples foco na bondade dos outros é a mensagem que continua a inspirar todos aqueles que conhecem sua vida e sua missão. Dorothy Stang preocupava-se com as pessoas e preocupava-se com esta generosa Terra, que é a moradia de todos nós. Ela nunca pensava naquilo que renunciara ao viver e trabalhar na floresta amazônica, não se focava no perigo que representava defender os desprivilegiados. Ela simples e alegremente deu tudo de si, desafiou as forças da avareza e da destruição com a esperança de um futuro melhor. Acredito que Dorothy enfrentou seus assassinos com a mesma paz e esperança que caracterizou toda a sua vida. Este é o seu legado para todos que a conheciam e que ouviram sua história. Sua pessoa é uma afirmação de que há sentido na vida; há esperança; uma vida dedicada aos outros continua mesmo depois do último suspiro.

Se essa pessoa simples, corajosa e amante da alegria pode passar toda uma vida reverenciando a dignidade de cada ser humano, então talvez possamos fazer o mesmo. O amor pelas pessoas de Dorothy Stang pode inspirar em nós um sentimento fraterno à medida que experimentamos um tipo de interconexão global desconhecido pelas gerações anteriores. Porque Dorothy se preocupou e abraçou a causa deste belo planeta Terra, somos encorajados a fazer o mesmo. Sua alegria em renunciar à "boa vida" se dirige a nós, os 18% da população do mundo que usa 80% dos recursos naturais. Sua vida nos diz que nós também podemos nos livrar da escravidão do consumismo e viver de modo mais simples para que outros simplesmente possam viver. Dorothy Stang, uma pequena senhora de Ohio, tem uma grandiosa mensagem para o nosso mundo.

IRMÃ ELIZABETH BOWYER
Freiras de Notre Dame de Namur

Introdução

TSUNAMIS E ATAQUES TERRORISTAS, carros-bomba e massacre, furacões e holocausto, desastres enormes e pequenas dores privadas — tudo altera o curso suave de nossa vida e nos põe frente a frente com a fragilidade de nossa existência. Como, então, viver nossa única vida de forma a fazer diferença?

Os problemas são tão grandes e somos tão insignificantes. Ainda assim, em todo o mundo, milhares de pessoas anônimas escolhem diariamente realizar atos de coragem, grandes ou pequenos, com conseqüências que se estendem no tempo e no espaço para inspirar e encorajar o resto de nós. Uma delas foi uma mulher chamada Dorothy. Ela morreu em uma estrada de terra vermelha na selva amazônica porque acreditava apaixonadamente que as pessoas devem cuidar da terra e que a terra por sua vez iria suprir-lhes com o que necessitavam, e ela devotou sua vida a tornar esse sonho uma realidade.

Em meio a um elenco de atores nacionais e internacionais estendendo-se dos escritórios de mármore do palácio presidencial em Brasília ao menor dos povoados nos recantos mais distantes da floresta, 20 milhões de brasileiros lutam contra o calor imenso, a lama e os mosquitos para ganhar a vida. Ou a morte. De tribos indígenas isoladas nas profundezas da selva aos trabalhadores no imenso complexo industrial em Carajás, dos cientistas em seus laboratórios aos soldados patrulhando as fronteiras, das pequenas propriedades de subsistência aos gigantescos projetos de soja, das fábricas clandestinas de processamento da cocaína às estradas pavimentadas cortando ainda mais profundo no coração da floresta, homens e mulheres trabalham para preservar a floresta intacta ou para destruí-la, para salvar almas ou escravizar corpos, montar artigos eletrônicos, dragar os rios procurando ouro, pagar suas contas e alimentar suas famílias.

A simples escala da Amazônia é desconcertante. Um quinto de toda a água potável da Terra. Trinta por cento de toda a biodiversidade do planeta. Minerais no valor de bilhões de dólares no solo vermelho. Terra a perder de vista.

Dorothy conhecia os mitos da terra sem-fim. Ela veio de Ohio, onde os morros suaves e arredondados do Leste americano se transformam em infindáveis pradarias onduladas, outrora tão densamente cobertas por bisões que parecia que eles também nunca terminariam. Dorothy compreendeu a necessidade de cuidar da terra e do corpo e alma das pessoas. Sua vocação religiosa a levou a juntar-se às irmãs de Notre Dame de Namur, mulheres com corações do tamanho do mundo, e levou-a à pequena cidade de Anapu, na Rodovia Transamazônica brasileira. Ali ela trabalhou com os mais pobres dos pobres, aprendendo com eles o equilíbrio delicado de cultivar os solos da floresta sem destruir a floresta.

Dorothy era grandemente amada e fortemente odiada. A área onde trabalhava era uma terra rica, bem irrigada, próxima à rodovia. Lotes de madeira de lei valiosa atraíram a atenção de proprietários locais, que sonhavam com pastagens verdes cheias de gado nelore ou campos de soja. Consideravam a terra boa demais para ser utilizada por pequenas propriedades de subsistência pelos camponeses e procuravam expulsá-los através de intimidações: queimando as casas, espalhando sementes de grama de rápido crescimento para sufocar as colheitas, enviando homens armados para reforçar o recado. Ainda assim seus caminhos eram bloqueados por uma mulher estrangeira de 73 anos que tinha a ousadia de dizer aos homens armados que eles estavam errados.

Dorothy se recusava a ser silenciada. Quando via injustiça, falava pelas vítimas. Ela organizou grupos dispersos de camponeses em uma comunidade, conseguiu dinheiro para que estabelecessem pequenos projetos de processamento das frutas que cultivavam em seus lotes, e lhes deu nova confiança de que podiam tomar as rédeas da própria vida e não serem vitimizados para sempre.

Em uma comunidade tão pequena todos sabem quem é quem, e Dorothy conhecia seus inimigos e reportava seus nomes para a Polícia Federal, pedindo proteção para os assentados. Esta nunca chegou. E, no dia 12 de fevereiro de 2005, Dorothy sofreu uma emboscada em uma estrada de terra vermelha na floresta e morreu, mais uma vítima da violência sem sentido na Amazônia.

Mas sua história não termina aí.

As notícias foram levadas através de ondas de rádio e do espaço cibernético ao mundo todo. Sua história atraiu a atenção porque era uma mulher, uma religiosa e uma estrangeira. Entre as centenas de mortes esquecidas que ocorreram antes da sua e todas as por vir, a história de Dorothy cristaliza para nós a certeza de que uma pessoa, uma ação, um ato de coragem pode fazer diferença.

Eu nunca encontrei Dorothy, embora tenhamos nos falado algumas vezes através de um telefone que chiava. Tinha pesquisado e escrito sobre a Amazônia havia doze anos, mas Anapu ficava há vários dias de difícil viagem do lugar onde moro no Sudeste do Brasil, e a Rodovia Transamazônica sempre pareceu uma viagem muito distante — até julho de 2003, quando recebi dois estudantes jovens que queriam filmar na selva e se aventuravam na mata para encontrá-la.

Apenas dezoito meses mais tarde ela estava morta, e, ao ouvir sua história, fiquei cada vez mais atraída por saber mais, em parte porque eu nunca escrevera um livro sobre uma mulher, em parte porque havia paralelos entre a vida dela e a minha. Como Dorothy, vim de outro país para o Brasil. Como Dorothy, encontrei-me trabalhando sobre novas maneiras de cuidar de florestas e povos da floresta, e, como Dorothy, eu acredito que Deus é bom.

Este livro não tem a pretensão de ser uma biografia definitiva. É uma investigação sobre a vida de Dorothy no contexto das violentas lutas pela terra na Amazônia. Comecei por visitar sua congregação em Cincinnati, Ohio, onde fui gentilmente recebida, onde me concederam um escritório e suficiente material de arquivo para escrever uma série de livros. No meu retorno ao Brasil, aproveitando a estação da seca, parti para encontrar algumas das pessoas da vida de Dorothy e explorar as situações que a levaram a viver e a morrer pelos esquecidos assentados da Rodovia Transamazônica. Viajei a pé, de bicicleta, caminhão, barco, e algumas vezes tinha sorte bastante de pegar um avião. Entrevistei dezenas de pessoas, transcrevi horas de fitas, li pilhas de livros e recortes de jornais, e passei dias fazendo busca na internet. Andei pelas estradas esburacadas em que Dorothy andou, fiquei com as irmãs em Anapu, dormi em sua cama, e li os livros de sua estante. Encontrei e conversei com os membros de sua família, assim como com outros membros da sua Ordem. Fui ao julgamento dos dois atiradores e dois dos três intermediários — até maio de 2008 o terceiro não tinha ido a julgamento. Fiz *lobby* com os amigos de Dorothy e apoiadores pedindo justiça por ela e pelos outros que morreram pela mesma luta; retornei para ver as irmãs em Cincinnati; fiz um enorme número de novos amigos; e no curso dessa busca descobri que as pessoas em todo o mundo se comoveram pela história. Este, então, é meu relato sobre uma mulher extraordinária cujo nome era Dorothy Stang.

UM

A IRMÃ DOROTHY
NA AMAZÔNIA

10 de fevereiro de 2005

DEITADA EM SUA CAMA, Dorothy puxou o mosquiteiro bem próximo a si e tentou se preparar para dormir. Sentia-se cansada e velha, e suas costas doíam. Sentiu-se subitamente só. E com medo.

Ela podia ouvir Nelda movendo-se silenciosamente na cozinha, fervendo um de seus chás de erva. A casa estava singularmente quieta. A mala de Dorothy estava pronta, seus papéis e mapas em ordem, e ela sabia que era importante que conseguisse dormir se quisesse ter todas as suas forças para os dias que viriam. Ela iria precisar convencer as famílias isoladas na profundidade da floresta que de algum modo tudo ficaria bem e que o que acontecera com Luís e sua família não se repetiria novamente. O secretário federal dos Direitos Humanos tinha dado a sua palavra. O Instituto Nacional de Colonização e Reforma Agrária, INCRA, tinha lhe dado todo o seu apoio. A polícia prometera proteção.

"Lá estavam eles, os capangas do Tato, rindo de nós e dizendo que iriam nos matar", Luís lhe dissera, com sua face empalidecida, os olhos arregalados. "Tato veio na minha barraca [uma pequena choupana construída de ramos de árvore, com telhado de palha] bradando uma arma e começou a atirar para cima. 'O.k., vamos começar', ele ficava dizendo. Eu sabia que iríamos todos morrer. E então uma das crianças começou a chorar e ele disse: 'Olhe aqui, eu vou lhes dar mais uma chance. Estarei aqui às seis da manhã e não quero ver uma alma nesta casa. Ninguém. Se não estiverem fora daqui, prometo a vocês que vou matar cada um, homens, mulheres e crianças. E irei demolir este lugar até o chão'.

"Não sei como conseguimos varar a noite. Lá estavam Rayfran, Eduardo e alguns outros capangas rondando à espreita do lado de fora. Lanternas brilhando, gritando para eu sair e provar que era homem. Rindo, rindo. Eles deviam estar bêbados. Acenderam um grande fogo, e eu podia ouvi-los gritando 'Ei, seu merdinha, vamos te queimar. Ei, Luís, se você é um homem, por que não vem aqui para fora conversar?'. E finalmente eu fui até a porta e lhes disse: 'Olhem, rapazes, nos deixem em paz, o.k.? Estaremos fora daqui de manhã, com certeza. Mas, por enquanto, não podem nos deixar dormir?'.

"Pouco depois disso começou a chover, e eles entraram correndo para se abrigar na barraca que tinham construído bem ao lado da nossa. Mas eu sabia que eles estavam doidos para continuar com seu serviço. Nós todos nos abraçamos, rezando por proteção e para que a manhã chegasse. Eu tinha certeza de que seríamos mortos. Francisca e as crianças choravam e lhes disse que ficassem quietos. Não queria que os pistoleiros soubessem que tinham nos assustado.

"Nenhum de nós dormiu. Antes de amanhecer olhamos para fora e não conseguimos ver ninguém, não conseguíamos ouvir nada, então nós saímos furtivamente e fomos para a casa de dona Maria falar com ela e com João. Eles tinham visto tudo, mas sua barraca ficava do outro lado da estrada e Tato não estava interessado em se apropriar daquela terra. Era apenas o nosso lado da estrada que ele estava reivindicando, embora o governo tenha nos dito que podíamos tê-la. Quando João saiu da rede, dona Maria estava com o fogo aceso e aquecia água para o café. 'Melhor comer alguma coisa', disse-nos. 'Nunca se sabe o que o dia nos reserva.'

"Cinco minutos depois Rayfran apareceu na porta e disse: 'Onde está Luís? Está aqui?', e eu disse, 'Sim, estou aqui'. Então ele disse: 'Tudo bem, vou lhe dar até nove horas. Vou dar uma volta e quando voltar não quero ver ninguém nesta tua barraca, o.k.?'.

"Bem, eu sabia que falavam a sério. Então disse a Francisca: 'Olhe aqui, vou levar você e as crianças até a próxima estrada e voltarei'. E ela falou: 'Não, Luís, se você ficar, nós ficamos. Se nós deixarmos você sozinho aqui, só Deus sabe o que você fará, e eles nos matarão com certeza. Se vamos morrer, morreremos juntos. Mas, se você partir, todos partimos'.

"Então estávamos na correria de um lado para o outro, empacotando nossas coisas, e todas as crianças carregando trouxas nas cabeças, e de repente estamos fora da barraca indo embora. O pior momento de minha vida. Todo aquele trabalho árduo para nada. Partimos com o que conseguimos carregar. E, enquanto íamos pela trilha, lá estava Tato em seu caminhão, sorrindo, sorrindo. Isso foi o pior de tudo. Sorrindo para nós, e não havia nada que pudéssemos fazer. Eu o teria matado se pudesse. Não tínhamos ido muito longe quando ouvimos o som da serra elétrica e sabíamos que estavam derrubando a casa. Então olhamos para trás e vimos a fumaça. Eles mantiveram a promessa."

Era uma história familiar nas recônditas terras sem lei da floresta amazônica, onde a irmã Dorothy escolheu passar os trinta anos anteriores lutando pelos camponeses sem-terra. Inúmeras vezes, famílias surgiam em sua porta, cansadas depois de dias viajando, agarrados às suas posses miseráveis e na expectativa de que a religiosa encontrasse para elas um pedaço de terra. Dorothy sempre lhes oferecia algo para comer e um lugar para armar a rede. Naquela tarde ela havia se debruçado sobre a mesa da cozinha onde todos os seus mapas gastos estavam espalhados, anotando com um lápis o nome de cada novo proprietário de cada lote no Projeto Esperança, quando mais uma família em roupas surradas chegou para perguntar sobre terras. Dorothy os acolheu com a sua forma calorosa habitual, serviu-lhes um prato de arroz e feijão e prometeu ao pai, Chico, que arrumaria lugar em seu caminhão para ele e as crianças na manhã seguinte para irem a Esperança encontrar um lote de terra. "Estejam aqui cedo", ela lhes disse. "Quero sair às seis. Teremos uma reunião com os colonos à tarde, e, se estiver chovendo, quem sabe quanto tempo demoraremos a chegar lá."

Muitas vezes os colonos se mudaram para a floresta, abriram suas pequenas clareiras, construíram suas cabanas e plantaram suas colheitas. Vieram das terras secas ao leste, e a única maneira que conheciam de cultivar o solo era abrindo roça e queimando. Mas, com a floresta cortada e a terra vermelha exposta ao calor inclemente do sol tropical e o impiedoso cair das chuvas equatoriais, suas colheitas declinaram regularmente, até serem forçados a seguir adiante. Por trinta anos os colonos vinham se movendo para o oeste, para dentro das florestas virgens, e por trinta anos Dorothy os acompanhou. Nessas vastas terras amazônicas, separadas das grandes cidades do Rio de

Janeiro, São Paulo e Brasília por milhares de quilômetros e centenas de anos, o pobre foi abandonado, sem proteção contra os aventureiros que vinham em busca de suas fortunas.

Dorothy acreditava apaixonadamente na Justiça; ela acreditava no estado de direito; ela acreditava inclusive que o governo cumpriria suas promessas de encontrar terras para os colonos. Em meses recentes ela havia recrutado o auxílio de amigos influentes para apoiá-la em sua luta solitária. Três dias antes ela e Nelda viajaram juntas pela lamacenta estrada para Anapu onde Nelda deveria se reunir às irmãs. Apesar do rigor da viagem, Dorothy retornou cheia de energia e esperança. Ela tinha ido a Belém junto com uma pequena delegação de Anapu contar a história de Luís e tornar pública a situação ruim dos colonos. Ela falou com jornalistas e advogados, reuniu-se com o secretário federal de Direitos Humanos, os procuradores da República, um senador estadual, representantes da Agência da Reforma Agrária, e com a Polícia Civil e Militar. Luís contou a sua história, e o chefe de polícia ficou ali sentado de boca aberta declarando que era como se visse tudo com os próprios olhos. Luís acenou vigorosamente com a cabeça e disse: "Sim, e se você não fizer alguma coisa, eles irão nos matar. Estou lhe falando diretamente — haverá muitas mortes".

Promessas foram feitas. A terra onde Luís havia construído sua casa era em realidade parte do Projeto Esperança. Dorothy receberia os documentos para prová-lo e a proteção policial que desejava. O secretário disse que esse estado sem lei não mais seria permitido. O governo garantiria a segurança deles.

O plano de Dorothy para o fim de semana era chegar à sexta-feira à tarde, ter uma conversa preliminar com os colonos, e confirmar as reuniões para sábado e domingo. Isso daria tempo para que a notícia chegasse às famílias que moravam longe. Ela lhes mostraria os títulos do governo das terras e explicaria que não tinham nada a temer dos pistoleiros. Explicaria a situação a Tato e lhe pediria que falasse com Bida e Regivaldo e os outros. Uma vez que compreendessem que os colonos tinham um título claro, não haveria mais problemas. Ela tinha certeza disso.

Estava frio e úmido na floresta, onde um grupo de homens se sentava em uma pequena barraca de madeira, agrupados em volta de um fogo enfumaçado. "Maldita chuva", murmurou um deles. "Queria que Deus a parasse."

"Maldita floresta", disse o outro. "Assombra-me algumas vezes. Fico ouvindo ruídos. Dê-me um cigarro, alguém, hein?"

"Estou sem nenhum", disse um terceiro. "Aqui, pega um pouco da coisa boa."

Sem falar nada, o jovem esticou a mão para a garrafa, inclinou-a, e tomou um trago grande da bebida. "Assim fica melhor", ele disse. "Mantém o frio longe."

Houve um silêncio amistoso enquanto todos olhavam para o fogo.

De repente se ouviu um ruído do lado de fora. Os homens ficaram de pé de um salto e a porta se abriu totalmente. "Ei, rapazes", disse o recém-chegado ao bater os pés e sacudir a chuva do cabelo. "Eduardo está aqui?"

"E se estiver?", veio uma voz da rede pendurada em um canto.

"Bem, se ele estiver", disse o recém-chegado, "você pode lhe dizer que tenho um negócio para ele."

"Qual sua idéia de negócio?"

O recém-chegado inclinou-se sobre a rede, sussurrou no ouvido de Eduardo, e lhe entregou algo.

Eduardo sentou-se e olhou o revólver brilhante. Ele girou-o de um lado a outro, pesou-o na mão, apontou para os companheiros, e o engatilhou.

Toda a sua vida ele se divertira com filmes de caubói na televisão. Não era para ele o boné de beisebol do trabalhador sem-terra; ele preferia usar um chapéu. Quando concordou em deixar seu estado natal, Espírito Santo, e vir para as selvas da Amazônia esquecidas por Deus, ele o fizera com um propósito muito específico em mente: ele queria terra. Muita terra. Terra plantada com pastos viçosos, com rebanhos de gado branco espalhados pelos campos. Ele dirigiria um caminhão novo em folha, razão de inveja dos outros fazendeiros, e criaria uma família de filhos fortes que trabalhassem para ele.

Como é que ele iria do ponto onde estava, compartilhando uma barraca dilapidada no meio da floresta com um bando de peões, para aquele outro? Balançando-se graciosamente para fora da rede, ele empalmou a arma e a enfiou no cinto. Dava uma boa sensação, como se ele pertencesse àquele lugar. Colocando a mão no bolso, tirou um cigarro, acendeu-o e inalou profundamente. Estudou os homens sentados em volta do fogo contando piadas indecentes e rindo. "Rayfran", ele chamou. "Venha cá, homem. Tem uma coisa que quero discutir com você."

DOROTHY DEVE ter se perguntado o que aconteceria se Tato e os outros se recusassem a ouvir. E se eles, jovens arrogantes com o poder de suas armas e a certeza de que o poder estava certo, levassem adiante suas ameaças? E se houvesse tiros? Os colonos estavam nervosos, e tinham sido pressionados ao seu limite. Eles tinham seus rifles de caça e sabiam como fundir-se com a floresta e executar um pistoleiro incauto, sem deixar rastro. Apesar das boas promessas que lhe tinham feito na cidade, Dorothy sabia que os conflitos de terra não se resolveriam produzindo um pedaço de papel. Haveria mais violência, e ela não sabia como interrompê-la. Estaria ela errada em encorajar os colonos para ficarem firmes diante de tão espantosas desigualdades? E se os pistoleiros a matassem? Ela respirou fundo e tentou enfrentar a possibilidade com calma, mas seu corpo a traiu, e subitamente a tensão das semanas anteriores tomou conta dela. Dorothy abaixou a cabeça e chorou.

Houve uma batida à porta, mas Dorothy parecia não ter ouvido. Minutos depois ela abriu os olhos e olhou para o rosto ansioso de sua única companheira naquela noite, a irmã Nelda.

"Qual o problema?", perguntou Nelda, com os olhos escuros brilhando de preocupação.

"Eles vão me matar", disse Dorothy, subitamente calma. "Eu sei que eles vão me matar."

Nelda buscou a mão de Dorothy sob o mosquiteiro. O que poderia dizer? Ela chegara a Anapu havia apenas três dias; mal conhecia Dorothy, e orava desesperadamente por orientação. "Isso é porque a senhora é uma santa", ela disse.

Dorothy sorriu através das lágrimas e apertou a mão de Nelda. As duas mulheres sentaram-se em silêncio juntas enquanto os minutos se passavam. Dorothy fungou, secou os olhos com a ponta do lençol. "Não se preocupe, Nelda", ela disse, conseguindo sorrir. "Ninguém teria a coragem de matar uma velha como eu."

Dorothy não percebeu quando Nelda saiu de mansinho do quarto. Ela se virou e dormiu.

A SEXTA-FEIRA, 11 de fevereiro, amanheceu encoberta e úmida. Dorothy tateou buscando pelo interruptor de luz e olhou o relógio. Já passavam das cinco horas, e ela não dissera a todos que partiriam às seis?

Nelda já estava de pé ao fogão e lhe entregou um pouco de café doce e quente. Juntas foram para o quarto da frente e acenderam as velas em frente à imagem da Virgem. Dorothy pegou sua Bíblia e começou a ler a passagem do dia.

Vinte minutos mais tarde ela se serviu de um pouco mais de café e repassou mentalmente o dia. Coletar as cestas básicas de comida do governo para os colonos. Verificar todos os seus documentos. Trancar a casa. Alimentar os gatos. Parar na delegacia para encontrar o acompanhante. Lembrar de deixar lugar no caminhão para Chico e sua família. Olhando o relógio, percebeu que ainda tinha alguns minutos. Foi ao quarto e ligou para seu irmão David no Colorado.

Ela mantinha contato estreito com David desde que este a visitara alguns meses antes, e ele, mais que toda a família, sabia como a sua situação era precária. Quando ele lhe perguntou como estava, ela podia ouvir a preocupação em sua voz. "Estou bem." Ela sorriu. "Respirando o ar fresco. Sinto-me melhor por falar com você." Mas, quando ele a pressionou, ela lhe contou que estava se aprontando para ir para Esperança, o lugar onde havia tido todo aquele problema com as casas sendo queimadas e pistoleiros por toda parte. "Posso ouvir as pessoas lá fora me esperando", ela lhe disse. "E não sei por quê, mas estou me sentindo muito nervosa com isso."

"Irmã Dorothy!" Ao desligar, Gabriel, do Sindicato dos Trabalhadores Rurais, entrou na cozinha e se serviu de café. "Já está pronta? Hora de ir!"

"Bom dia, Gabriel", disse Dorothy, discando outro número. "Já estou indo. Vou só falar rapidamente com Felício."

Gabriel sorriu. Que estranha amizade, ele pensou — a religiosa americana de cabelos brancos e o belo jovem procurador federal de Belém. Nos últimos cinco anos os dois haviam se tornado amigos firmes, quase como mãe e filho, embora Felício o descreva como "amor à primeira vista".

Felício estava falando de Altamira, onde se preparava para encontrar a ministra do Meio Ambiente e uma delegação do governo em seu vôo para a pequena cidade ribeira de Porto de Moz, para a abertura da primeira reserva extrativista na área. (Uma reserva extrativista é uma terra do governo designada para o uso extrativista por populações tradicionais da floresta, com o objetivo de preservar o meio ambiente através do uso sustentável dos recursos naturais — borracha, castanhas, madeira etc.) Aquele era um projeto querido ao coração de Dorothy, e Felício fez tudo para que ela estivesse presente. Mas ela estava resoluta. Os colonos a aguardavam em Esperança, e ela não podia decepcioná-los.

Quando Felício se lembrou mais tarde desta conversa, ele percebeu que houvera algo incomum. Dorothy era alguém que sempre chegava ao ponto, ele disse. Ela não media suas palavras. Mas, naquela ocasião, ela repetidas vezes lhe disse que não se preocupasse com ela, que ela estava entrando na floresta com um grupo de amigos do sindicato e que não estaria sozinha. "Ela deve ter me dito uma dúzia de vezes que não me preocupasse com ela", ele disse. "E então ela disse: 'Felício, nunca desista, está me ouvindo? Você precisa continuar a luta. Você não deve desistir e você não deve abandonar nosso povo, compreende? Você precisa continuar lutando porque Deus está com você'. Ela nunca falara assim antes."

"O.k., Irmã." Gabriel levantou a mochila de Dorothy, perguntando-se pela enésima vez como ela podia carregar tal peso. Dorothy pegou a sacola de lona onde levava seus mapas e sua Bíblia gasta, respirou fundo, e saiu para a chuva matinal. Um grupo de pessoas estava de pé próximo ao carro, e as caixas estavam sendo carregadas. "Bom dia, Ivan", ela disse, sorrindo para o jovem motorista. "Estamos todos prontos? Primeira parada, a delegacia, para pegar nossa patrulha, o.k.?"

Ivan aquiesceu, verificou se todos os passageiros estavam confortavelmente instalados, soltou a embreagem e dirigiu cuidadosamente pela estrada lamacenta.

Passavam alguns minutos das seis da manhã, e na floresta a chuva caíra continuamente ao longo da noite toda. Rayfran abriu a porta da barraca de madeira e olhou para fora. "Maldita chuva", ele anunciou. "Deus, como eu detesto isso!"

Estava escuro e sombrio sob a copa das árvores altas, havia poças profundas na estrada, e os homens prefeririam se envolver em suas jaquetas, subir nas redes e voltar a dormir. Nenhum deles se preocupou em acender o fogo, e não havia nada para comer exceto uns poucos pedaços de carne fria e dura. Eduardo sentia frio, cansaço e fome. Mesmo o primeiro cigarro do dia tinha gosto amargo. Ele enfiou os pés dentro das botas, puxou a jaqueta e se levantou de um salto. "Vamos lá, malandros preguiçosos", ele rosnou para seus companheiros. "Melhor irmos andando — há trabalho a ser feito."

DOIS

OS DIAS EM DAYTON

DOROTHY MAE STANG, universalmente conhecida como Dot, nasceu em 7 de junho de 1931, a quarta de nove filhos de uma devota família católica irlando-alemã, em Dayton, Ohio. Por um lado, era um mundo ordenado e previsível, por outro, desconhecido e assustador por causa da depressão econômica que virara o mundo de cabeça para baixo, introduzindo uma década que se tornou crescentemente turbulenta até que o mundo irrompeu em guerra.

O pai de Dot, Henry, era um oficial na Base da Força Aérea de Wright-Patterson, em Dayton, batizada com o nome dos pioneiros do vôo, Wilbur e Orville Wright. Graduado *summa cum laude* em engenharia química pela Universidade de Dayton, era no fundo do coração um fazendeiro orgânico e com freqüência diferia violentamente de seus colegas, golpeando a mesa de jantar e declarando que os químicos estavam arruinando o alimento dos americanos e suas terras. "Meu pai e minha mãe acreditavam que Deus fez o mundo e que nós devemos respeitá-lo", dizia sua filha Barb. "Nós não ousávamos nunca jogar fora uma casca de maçã ou banana, e nós as transformávamos em composto antes de qualquer pessoa saber o que era isso." Sua mãe, Edna, devotou energia considerável em educar seus nove filhos enquanto se mantinha em contato com sua extensa família, cozinhando refeições enormes. E, de um jeito ou outro, vivendo dentro do orçamento, em uma situação onde havia sempre dever de casa a ser feito, roupas a serem consertadas e joelhos ralados a serem beijados para que sarassem.

Henry e Edna vinham de grandes famílias: ambos eram os mais velhos de nove filhos. Um mês antes do casamento o pai de Edna morreu de pneumonia, mas em seus últimos dias ele disse ao jovem casal que fosse adiante com o casamento, já que teriam de cuidar das duas famílias assim como de seus próprios filhos quando chegassem. Os irmãos de Edna fizeram jus à sua reputação de irlandeses selvagens e eram descritos como "verdadeiros velhacos" que gostavam de beber e brigar. A avó McCloskey foi pega no meio, e muitas vezes Edna teria de chamar Henry para apartar as brigas da família McCloskey. Porém os rapazes tinham bom coração e com freqüência convidavam os meninos Stang para a fazenda da família e os enchiam com bebidas achocolatadas e garrafas de leite para levarem para casa.

Não que os irmãos de Henry fossem mais bem-comportados. Uma família de segunda geração de alemães, falavam alemão em casa e quando queriam conversar assuntos particulares. As meninas eram mais velhas, mas os meninos eram um grupo desordeiro e cabeçudo, e Henry logo descobriu que a única maneira de controlá-los era exercendo sua autoridade como o mais velho. Ele tratava seus filhos com o mesmo inabalável sentido de justiça e disciplina, mas sob sua severidade exterior ele também tinha um coração gentil.

A família Stang era formada por John, Mary, Dot, as gêmeas Maggie e Norma, Barb, os gêmeos David e Tom. Mary era a encarregada de disciplinar. "Ela quebrou muitas varetas nas diversas partes do nosso corpo", lembra Tom. Dot, por outro lado, era tanto a que cuidava (ela costumava acordar os menores e prepará-los para a escola) como a força moral que lavou a boca de David com sabão na primeira vez em que falou um palavrão.

A vida na casa número 5560 da Markey Road era ordenada por uma aderência estrita à rotina e medidas econômicas rigorosas. A rotina semanal incluía missa diária, escola, dever de casa, trabalhos domésticos e de jardim, peixe às sextas-feiras, confissão semanal, prática de coral e o banho de sábado. Foi uma infância amorosa, segura, simples — não havia coisas como óculos de grife, jeans da moda e dentes sendo corrigidos. Não havia uniforme escolar — as crianças usavam camisetas e calças compridas, e os meninos menores usavam *lederhosen*, as calças alemãs, até irem para a escola.

Tom descreve o lar como um lugar onde todos os meninos e meninas viviam uma vida católica devotada e de onde evoluíram para seres humanos maravilhosos. Com tantas bocas para alimentar, o dinheiro era curto, mas Henry era cheio de recursos. Econômico, capaz, exigente, ele instruía suas crianças a lavarem e guardarem latas usadas, fazia as solas para os sapatos da família a partir de pneus de borracha velhos, e economizava a conta de água construindo uma cisterna para colher água da chuva. Os membros da família concordam com Barb quando ela relembra que "papai checava diariamente os medidores para registrar nosso consumo diário de água e eletricidade", embora haja alguma discussão sobre quanto cumpriam com a regra que prescrevia uma polegada de água no banho semanal. O dinheiro estava sempre curto, e todas as crianças trabalhavam para ajudar a esticar o orçamento. Os meninos mais velhos trabalhavam entregando jornais", e os mais jovens trabalhavam colhendo frutas no verão. Os tempos eram difíceis durante a Grande Depressão, e não era incomum a notícia de que pessoas se suicidavam por não poder mais sustentar suas famílias.

O estilo de vida dos Stang era auto-suficiente, isolado do resto do mundo, embora ouvissem as notícias de terras distantes no rádio e vissem os aviões militares sobrevoando sobre suas cabeças partindo da Base Aérea. E, com o tempo, os meninos mais velhos foram para a guerra, John para ser piloto na Europa e Jim para se juntar à Marinha no Alasca. Todas as noites depois do jantar a família se agrupava em volta do rádio para ouvir as notícias sobre a guerra, particularmente desfrutando os discursos inspiradores de Winston Churchill. Entre os amigos da família estavam vários pilotos de teste que viviam nas vizinhanças, e a família lembra ter ficado profundamente afetada quando um desses jovens valorosos foi morto.

As crianças Stang freqüentavam a Escolar Elementar Católica Santa Rita e eram constantemente lembradas que eram católicas enquanto o resto do mundo era outra coisa — provavelmente WASP (protestante anglo-saxônico branco). Os católicos eram minoria na área, mas por causa do tamanho de suas famílias não eram facilmente intimidados. Desentendimentos ocasionais com as crianças na escola pública — que por definição não eram bons católicos — podiam resultar em uma troca mútua de lançamentos de pedras. Embora a briga não fosse encorajada, era um crime muito menor do que desobedecer às regras e normas domésticas. As infrações tinham de ser levadas ao padre Schmidt, a quem todas as crianças adoravam, e, mais tarde, durante a confissão semanal, ao padre LaMotte ou padre Fogarty, a quem prestavam um grande respeito. Os pecados veniais de responder às provocações, usar palavrões e desobedecer precisavam ser confessados e perdoados, enquanto pecados mais graves, como perder a missa de domingo, eram impensáveis. Pequenas ofensas como atacar o cofre de porquinho de alguém ou brigar com um dos irmãos eram mais desculpadas, mas as penalidades por serem pegos eram reforçadas com doses generosas de óleo de rícino, uma boa sova com ramo de salgueiro, e, para ofensas extremas, ser enviado para a cama sem jantar. Esse estilo de vida católico era reforçado com todas as práticas devocionais que a Igreja pudesse idealizar, todas focadas na Virgem Santíssima ou na Eucaristia. Todas as manhãs se iniciavam com missa, que envolvia o jejum desde a meia-noite anterior. As hóstias presas no céu da boca sob nenhuma circunstância poderiam ser desalojadas por um dedo não consagrado. A mensagem católica era reforçada ao longo do dia escolar, e não havia hipótese de sair para o pátio a fim de jogar bola antes de a família se reunir para rezar o terço depois do jantar, uma prática arrematada com a Ladainha da Mãe Santíssima e seguida pela disputa noturna sobre quem iria lavar a louça. Os alunos do colégio eram dispensados de lavar pratos, mas os gêmeos jovens, David e Tom, eram recrutados para essa obrigação até partirem para estudar no seminário.

Em retrospectiva, Tom relembra o universo deles como sendo "bastante estreito". A família judaica, vizinha de porta, fora declarada proibida quando os Stang descobriram que os menores tinham sido vistos vagando completamente nus durante uma festa de Ano-Novo. Padre Schmidt, amigo e confidente da família Stang, os ensinou a respeitar os negros, mas os asiáticos e hispânicos simplesmente não penetravam em seu mundo. Com relação à educação sexual, o que os meninos pequenos ficavam sabendo era catado durante a visita mensal ao barbeiro, quando podiam dar uma olhada furtiva nas páginas duplas do *Esquire* com moças glamorosas. O nome do barbeiro era Windy Bill; ele cortava cabelos de graça para os militares, e sua conversa era apimentada com alusões sexuais e palavrões incomuns à casa dos Stang. Outro campo fértil para ouvir histórias irreverentes sobre mulheres era o campo de golfe, onde os meninos serviam de carregador para os ricos homens de negócios cujas conversas com freqüência revolviam prazerosamente em torno de sexo.

A grande casa de madeira branca, reformada por Henry e pelos meninos, estava sempre aberta à família e aos amigos para compartilhar uma refeição ou para dormir, caso necessário. Compartilhar o que possuíam era parte do espírito familiar, e sua generosidade era freqüentemente retribuída. Os irmãos de Dot têm lembranças afetuosas de uma família amiga em particular que lhes trazia uma caixa de rosquinhas fritas semanalmente.

A casa era espaçosa, mas nenhuma das crianças tinha seu próprio quarto. Um quarto era compartilhado por Dot e Mary, e era aí que Mary escondia seu cofre de porquinho e pendurava um esqueleto de Halloween na parede. Essa mistura se comprovou como demais para os meninos gêmeos, que entravam furtivamente para tentar abrir o cofrinho e mover os braços e as pernas do esqueleto em posições assustadoras, e então se retiravam em acessos de riso. O segundo quarto era compartilhado por Maggie, Norma e Barb. O quarto dos pais era proibido e quando Tom lá entrou ilicitamente, o que foi uma grande ousadia, encontrou a escrivaninha de Henry repleta de livros sobre jardinagem orgânica e pães caseiros. Ele descobriu também a fraqueza secreta de Henry: uma paixão por *marshmallows*. Tom e David compartilhavam um quarto que pertencera antes a Jim e John, localizado estrategicamente próximo à escada dos fundos, o que lhes permitia fazer rápidas retiradas quando necessário para evitar a ira de suas irmãs.

A biblioteca era o local para o dever de casa e as partidas de xadrez, damas, Monopólio e Parcheesi após o jantar. Edna sempre deixava livros interessantes por ali, como as histórias do Santo Graal ou as lendas do rei Arthur. Era ali que ela guardava a estátua da Madonna Negra de Praga, que ela amava ornamentar. Não tinham televisão, mas havia um gramofone antiquado e as crianças cantavam junto com os discos, deliciando-se especialmente com o musical *South Pacific*. Sua canção favorita era sobre Bloody Mary, e melhor de tudo era correr pela casa e pelo pátio cantando alto a frase final: "Now ain't that too damn bad".

Segundo o costume predominante da época, as salas de estar e jantar eram reservadas para as reuniões da Igreja e ocasiões de gala como o Festival de Outono na Igreja Santa Rita e o piquenique anual para o Orfanato São José. Os dois festivais eram freqüentados por centenas de pessoas; Henry era encarregado da barraca de jogos e Edna presidia a cozinha. As crianças se lembram de que nessas ocasiões a comida era particularmente deliciosa. Em feriados e dias santos eles eram chamados para colocar tábuas extras na mesa de jantar da avó McCloskey para que pudesse acomodar vinte pessoas e esticar-se até a varanda envidraçada. Refeições festivas culminavam com as sobremesas maravilhosas de Edna: pudim de melaço, torta de maçã, bolo de morango, panquecas com *maple syrup* e meio melão recheado com sorvete. Os bolinhos de batata de Edna eram muito populares, mas ninguém se importava com seu bolinho de fígado. Depois do jantar os meninos mais velhos discutiam sobre o cenário mundial com Henry, enquanto os menores se sentavam quietos no banco e ouviam. Ao menor sinal de agitação, Henry lhes dirigia um de seus olhares e eram expulsos da sala.

Maio era um mês festivo, em particular para as meninas, com procissões de velas para honrar a Virgem Santíssima. Elas coroavam sua estátua com flores e cantavam "Bring Flowers to the Fairest". Na outra extremidade do espectro, os quarenta dias da Quaresma eram pesados com sacrifícios. Todas as balas tinham de ser guardadas em um local especial e em geral eram doadas aos pobres quando a Quaresma terminava, embora Tom se lembre surrupiando alguns doces para as cestas de Páscoa. Havia dias regulares para jejuar (uma refeição substancial por dia, com torradas e café preto para o café-damanhã e sanduíches de creme de amendoim no almoço) e três horas de serviço na Sexta-Feira Santa com todas as estátuas cobertas de roxo. "Quando a Páscoa chegava, com suas roupagens de cores vibrantes e os ovos de Páscoa, nós também experimentávamos uma ressurreição dos mortos", diz Tom.

Henry gostava especialmente dos rituais ligados aos festivais da Igreja. No Natal ele pendurava as luzes e montava o presépio, acrescentando novos toques a cada ano, e sua bela casa de madeira esculpida era a *pièce de résistance* do Dia de Ação de Graças. As regras em geral estritas eram relaxadas durante o Halloween, quando as crianças tinham permissão para ficar acordadas até mais tarde coletando o máximo de balas que pudessem carregar, embora nem sempre as comessem. David tem uma lembrança clara de sua mãe recolhendo as sacolas, jogando as balas em uma enorme caixa, e despachando-as para John e Jim para que compartilhassem com as tropas que estavam na guerra.

A cada primavera Henry supervisionava a preparação da horta do meio hectare, que era fertilizado livremente com composto feito em casa e estrume de cavalo que sempre produzia uma abundante safra de ervas daninhas, para o imenso desânimo das crianças. Eles deveriam plantar e limpar o mato, colher e limpar os vegetais e frutas, ajudar Edna com o enlatamento e a estocagem das latas no porão. Algumas vezes saíam para caminhar com Henry e aprender sobre cogumelos que eram comestíveis, de quatro, com o nariz enfiado na terra calorosa e em fermentação. "Tínhamos a sensação de nossas mãos na terra. Sentir a fragrância doce da terra nos dizia que ela estava viva", diz David. Qualquer excedente de frutas ou vegetais era vendido na margem da estrada pelos mais jovens, o que proporcionava uma receita extra para a família. Além de vegetais e frutas, havia galinhas para serem abatidas e despenadas, e no outono cestas de nozes precisavam ser coletadas e descascadas laboriosamente (com muito dano para os dedos) para extrair o ingrediente para o pão de nozes, deixando manchas de óleo amareladas nos dedos das crianças. Lenha, trazida da Base Aérea, precisava ser descarregada do caminhão e estocada no quarto da caldeira para que Henry pudesse iniciar o fogo. E as crianças tinham de coletar e separar as roupas para a velha máquina de lavar com cuidado para manter os dedos fora dos rolos espremedores.

Quando não havia escola, os longos dia de verão começavam às seis em ponto para que pudessem pegar o ônibus para a Horta de Frutas da Muma, onde catavam morangos e pêssegos até as 18 horas — a menos que, milagrosamente, não houvesse frutas para serem recolhidas e eles fossem recompensados com um longo dia para se divertir. As noites proviam uma oportunidade de brincar no pátio dos fundos, e quando ficava escuro recolhiam vaga-lumes em potes. Quando as tempestades violentas da primavera e do início do verão balançavam a velha casa de madeira, Edna corria por toda parte acendendo velas para as estátuas da Virgem Santíssima, algumas vezes prostrando-se no chão e orando pela proteção de sua família.

Os invernos em Ohio podem ser duros, e o antiquado sistema de aquecimento nunca aquecia os quartos de cima de forma apropriada. Se um dos vidros de uma janela se quebrasse, não era consertado até a primavera. Se o gelo se formasse por dentro da janela e as geladas correntes de ar soprassem nos quartos, as crianças se aninhavam sob seus cobertores pesados e sonhavam com patinação no gelo e a neve que caía. Tom e David algumas vezes salpicavam a entrada de carros com água para que pudessem patinar colina abaixo até o rio, e uma vez eles desceram de trenó pela entrada de carros sem olhar até a estrada e foram atropelados. Felizmente, não se machucaram, mas Edna lhes passou um carão inesquecível.

De vez em quando John e Jim vinham para uma visita, trazendo amigos e contando grandes histórias de feitos heróicos, reais ou imaginários. Jim tinha um carro Ford modelo T do qual se orgulhava muito, e podemos apenas imaginar as palavras duras que trocou com Norma quando ela entrou com o carro em uma árvore e quase o destruiu. Quando deixou a Marinha, Jim presenteou a família com um cachorro vira-lata chamado Caledônia, que se tornou o favorito da família. Em uma ocasião John apagou um incêndio na biblioteca, que teria queimado a casa se ele não tivesse entrado rapidamente em ação.

As pessoas não costumavam viajar para muito longe naqueles dias, principalmente quando havia tantos corpos para caber no carro familiar. Mas a família ia de vez em quando ao Parque de Diversão Forest Park ou para a fazenda dos primos dos Stang, e faziam excursões com o Coral Inland. O ensaio do coral era um dos pontos altos da semana, e as crianças adquiriram um vasto repertório, de operetas a antigos sucessos. O sr. Westbrook, condutor do coral, até gravou os últimos sucessos, que foram enviados para divertir as tropas na linha de frente, e alguns anos mais tarde, quando David entrou para o seminário, ele se lembrou dessas canções como um conforto em sua solidão. Os meninos do Coral Inland usavam roupas Buster Brown — calças pretas, casaco curto e camisa de colarinho branco —, enquanto as meninas usavam vestidos azuis com golas e laços brancos nos cabelos. Nos sábados de manhã as crianças Stang tinham de fazer as tarefas domésticas, porém tentavam ao máximo terminar até o meio-dia, para que pudessem chegar na hora no ensaio do coral. Podiam pegar o ônibus, que lhes custava dez centavos, ou podiam andar algumas milhas até o bonde, o que custava três centavos, economizando para comprar balas ou pipoca depois do ensaio. Mas, quando se atrasavam, confiavam sempre que Dot iria encontrar uma solução e negociar uma carona com algum vizinho que ia para o mercado.

Seus irmãos se lembram de Dot como sendo muito divertida. "Ela era capaz de transformar qualquer coisa em uma brincadeira", disse a irmã mais jovem, Barb. "Ela simplesmente efervescia. Havia muita alegria e felicidade na casa quando ela estava por perto." Não que ela fosse uma menina fofinha. Era ela quem escolhia os jogadores para o jogo de bola no pátio dos fundos, e os meninos não discutiam com ela porque era durona e retribuía o tratamento que recebia. "Havia várias famílias grandes que viviam em nossa rua ou nas redondezas", continua Barb. "E havia campos e bosques entre as casas. As outras famílias tinham seus pequenos clubes e construíam suas sedes nos bosques, e algumas vezes nós queimávamos suas sedes, e algumas vezes eles queimavam a nossa. E Dot estava lá no meio de tudo."

O jeito traquinas de Dot com freqüência lhe criava confusão. Ela gostava principalmente de andar em sua bicicleta, e um dia, quando lhe disseram para praticar piano, ela escondeu a bicicleta sob a janela. Por certo tempo golpeou pesadamente as teclas do instrumento, e logo subiu na janela e saiu pedalando, olhando para trás e rindo. De repente a roda da frente bateu em uma pedra, ela voou sobre o guidão e quebrou um dente da frente. Essa fuga terminou com ela se arrastando de volta para casa, subindo pela janela, e obstinadamente lendo a música em meio às lágrimas, com sangue na boca e o dente perdido sobre o piano. A melhor amiga de Dot, Joan, lembra que durante o ensino fundamental o dente implantado ficava caindo e ela o colava com cola Elmer. Uns sessenta anos depois, na última viagem de Dot a Ohio, ela ainda ficava procurando cola para prendê-lo.

Essa vida americana pode parecer como um idílio saído de uma pintura de Norman Rockwell, mas a vida na família grande era um caso de sobrevivência do mais apto. As crianças eram fortemente competitivas, e Henry e Edna algumas vezes se entregavam às brigas furiosas, que culminavam com Edna fazendo a mala e desaparecendo por algumas horas. A separação, ou pior, o divórcio, não era uma opção, e, depois de algumas horas tempestivas, a vida voltava ao seu curso sereno, o mais provável, como especula Tom, depois que Edna batia um bom papo com o padre Schmidt. Ele compreendia instintivamente as tensões associadas com a vida em uma família grande, e, quando as coisas não iam muito bem, ele algumas vezes aparecia com sorvete para todo mundo. Ou ele levava a família para comer fora, ou para acampar no fim de semana em Top O'Hallow, onde as crianças podiam andar a cavalo, nadar no rio, e correr tudo o que queriam enquanto os adultos jogavam cartas e Henry resmungava quando perdia para a sua sortuda mulher irlandesa.

Era de esperar, naturalmente, que vários filhos de uma família tão devota tivessem vocação religiosa; toda família aspirava ter pelo menos um candidato ao sacerdócio, e, se pudessem prover uma filha ou duas para o convento, melhor ainda. Os dois filhos mais velhos, John e Jim, entraram para o seminário, mas, quando a guerra se iniciou, eles o deixaram para ir servir. Os gêmeos mais novos, Tom e David, foram para o seminário e ingressaram no sacerdócio, enquanto primeiro Dot e depois Norma foram para o convento, embora Norma tenha saído depois dos votos temporários.

A vocação religiosa de Dot foi encorajada pelas irmãs da Notre Dame no Colégio Julienne, onde ela e Joan se entregaram com entusiasmo a cuidar dos menos afortunados. Joan descreve Dot como uma mulher que desde a infância sabia que Deus a amava. Nutrida nesse amor por seus pais, professores e irmãos, ela cresceu uma mulher de convicção, dedicação e sacrifício. As irmãs da Notre Dame ensinaram que a vocação mais elevada da vida era serviço aos pobres, e as meninas do Julienne coletavam dinheiro para os chamados bebês pagãos abandonados nas ruas da China e abrigados pelas irmãs da mesma Ordem. Todas as estudantes no Julienne pareciam muito felizes, lembra Barb. "Não havia uma menina do Julienne que em algum momento não tenha pensando em ingressar em um convento."

Uma moça popular, atlética, que estava sempre no centro dos acontecimentos, Dot não hesitava em arrastar sua amiga Joan para a caldeira da escola onde de vez em quando fumavam um cigarro. "Ela era travessa, sempre pronta a tentar algo novo", recorda Joan. Mas sua espiritualidade profunda estava sendo nutrida pelas irmãs. Ela foi convidada a se juntar a um clube chamado Jovens Estudantes Cristãos, onde ela e seus amigos se encontravam uma vez por semana com seu supervisor para orar, estudar a Bíblia, e descobrir como poderiam ser o fermento do corpo estudantil. O clube tinha sido iniciado por um cardeal liberal que foi criticado por alguns de seus pares por produzir estudantes ativistas, e ele certamente fez de Dorothy um deles. "O clube de missões era muito forte naqueles anos", lembra Joan, "e aprendemos sobre os filhos de Deus em outras terras, nossos irmãos e irmãs em Cristo. E um desejo começou a crescer forte e se aprofundar no coração de Dorothy, de dedicar sua vida a Deus como missionária. Naqueles dias havia algo de muito romântico sobre ser uma missionária — ir para as missões e ser um salvador do mundo."

Não foi surpresa para ninguém quando Dot formalmente anunciou que estava planejando entrar para o convento. Henry não ficou feliz quando ela lhe contou sua decisão. Ele achava que ela era muito jovem e não tinha visto o suficiente do mundo, mas a determinação de Dot era como a sua, e em 26 de julho de 1948, aos dezessete anos, Dot tornou-se uma postulante da Ordem de Notre Dame de Namur e entrou alegremente em sua vida religiosa.

TRÊS

A ENTRADA NA VIDA RELIGIOSA

"Que grande dia foi aquele." Joan ri, relembrando o dia em que ela e Dot adentraram os portões do convento no monte Notre Dame em Cincinnati. "Éramos ambas muito jovens — Dot acabara de completar dezessete anos, e eu era alguns meses mais velha.

"Estávamos muito entusiasmadas, e sim, um pouco nervosas também. As irmãs nos receberam e nos levaram para mudar a roupa para as nossas novas saias e blusas pretas. Deram-nos nossas toucas de postulantes e nos mostraram como amarrá-las ao cabelo. Depois disso fomos nos despedir de nossas famílias. Nossas emoções eram tão mistas — tristes de nos separarmos de nossas famílias e excitadas por estarmos nos doando completamente a Deus. Creio que pensávamos que se sacrificássemos tudo de algum modo nos tornaríamos santas instantaneamente. Lembro como ficamos desapontadas quando nos mostraram os dormitórios e descobrimos que tínhamos camas para dormir. Por alguma razão imaginei que dormiríamos no chão frio!"

Liz Bowyer, que entrou uns anos depois, descreve o dia em que chegou ao convento: "Eu estava em uma espécie de transe quando apaguei meu último cigarro na entrada de carros. Entretanto, eu estava convencida de que era isso que Deus queria de mim".

A primeira coisa que tinham de aprender era como caminhar como verdadeiras freiras, com as mãos entrelaçadas e os olhos baixos. Ao mesmo tempo estavam se ajustando a uma vida em comunidade com mais de 150 mulheres e moças de diferentes origens, na pobreza, castidade, obediência, sem pertences pessoais e sem melhores amigos. Essa regra existia para proteger as meninas de qualquer relacionamento que pudesse ser considerado inadequado, mas nem Dot nem Joan levaram muito a sério. Dormiam em dormitórios com cubículos fechados por cortinas, contendo uma pequena mesa-de-cabeceira, uma bacia com sabonete, toalha, um esfregão, um baú de 23 x 30 x 8 cm, onde guardavam suas roupas brancas (camisola, peitilho, faixa da cabeça e touca) e uma cama estreita com um colchão de palha que precisava ser virado todas as manhãs para não afundar no centro.

Levantavam-se em silêncio no frio do começo da manhã (4h55 exatamente, lembra Joan) e tinham de estar na capela às 5h30, para a oração da manhã, missa e meditação. Isso era seguido pelo café-da-manhã — pão de milho, fruta e café —, e então o trabalho do dia se iniciava, ainda em silêncio. Todas as mulheres faziam o trabalho doméstico. Havia estudo a ser feito, terço a ser rezado, era preciso encontrar tempo para leitura espiritual, e as irmãs eram enviadas para ajudar a cozinheira a preparar e servir as refeições, e limpar tudo depois.

Às 11h45 estavam de volta à capela para examinar suas consciências, e então iam para o almoço — sopa, carne ou peixe, vegetais e frutas em compota. A bebida prescrita era água. Não era permitido falar durante as refeições, exceto aos domingos e dias de festa, ou ocasionalmente quando a superiora achava que a comunidade merecia uma pequena recreação extra. Uma das irmãs lia alto um livro espiritual, então. A conversa era permitida mais tarde, durante o período de trinta minutos de recreação após as refeições, quando eram encorajadas a caminhar em grupos de três para que nenhuma irmã se sentisse excluída.

A rotina da tarde era bem similar. Das 17h30 às 18 horas estavam de novo na capela para meditação, seguida de jantar, instrução e recreação. A oração da noite era feita na capela às vinte horas, depois do que as irmãs se recolhiam para a noite. Os banhos eram tomados duas ou três noites por semana, e, embora houvesse água quente, as irmãs com freqüência tomavam banho frio como um ato de penitência para mortificar a carne. Às 21 horas a superiora batia no chão com o salto de seu sapato e a comunidade entrava no Grande Silêncio, durante o qual qualquer fala era estritamente proibida.

Era um estilo de vida que requeria amplas doses de autodisciplina e dedicação, e deve ter sido um ajuste muito difícil para adolescentes que, apesar das exigências de escola e família, haviam desfrutado certa medida de independência. Dot e Joan fizeram o melhor possível para se conformar ao modelo bem-comportado das irmãs, mas sob o hábito eram ainda meninas adolescentes. Joan se lembra de se esgueirar pela garagem até a macieira, onde ficava de vigia enquanto Dot subia e descia cheia de frutas, depois do que o par se sentava na grama, comendo maçãs e conversando sobre seus sonhos de futuro — sendo ou não hora de silêncio.

Um dia Dot pegou uma cobra e trouxe para dentro de casa. As irmãs esperaram até a hora da recreação e então tentaram transferi-la de uma caixa para um jarro. Quando a cobra serpeou livre, Dot foi a primeira a sair da sala. Ela segurou a porta fechada enquanto as outras corriam de um lado a outro, com muito grito e riso, para capturá-la e guardá-la em segurança no jarro. Mais tarde naquela noite, durante as orações, alguém começou a dar risadinhas, e logo as irmãs mais jovens riam descontroladamente. A superiora lhes deu uma reprimenda e as enviou para a cama.

Talvez o mais duro fosse estar separado de suas famílias. Liz se lembra de que a comunidade era muito estrita com relação a visitas. Estas eram permitidas para membros da família imediata apenas uma vez por mês, nos domingos à tarde, entre catorze e dezesseis horas, e sempre aconteciam no auditório, sem nenhuma chance de privacidade. As irmãs deveriam escrever regularmente, mas toda correspondência que entrava e saía era censurada pela diretora das noviças. Telefonemas não eram permitidos, e as irmãs nunca podiam ir para casa, mesmo se houvesse morte na família.

Havia tanto a aprender que os primeiros seis meses se passaram rápido e logo as meninas estavam prontas para prosseguir do postulado para o noviciado. Em 26 de janeiro de 1949, com a cabeça raspada e um hábito novo, Dorothy Stang tornou-se uma nova criatura em Cristo: irmã Mary Joaquim da Ordem de Notre Dame de Namur. Embora algumas congregações fizessem uma grande cerimônia, convidando a família e vestindo as noviças como noivas de Cristo, a congregação Notre Dame preferia uma cerimônia tranqüila com a presença apenas das irmãs. "A pior parte foi ter os cabelos cortados", diz Joan. "Mas novamente estávamos tão excitadas com o recebimento do hábito que aceitávamos tudo." A superiora da província colocou um véu branco de noviça sobre a cabeça de cada moça, e Joan se lembra de sentir-se desapontada ao sair da capela. Ela pensou que de repente estaria perfeita, mas não conseguia detectar nenhuma diferença exceto no seu vestido. O hábito era feito de sarja preta, com um grande peitilho branco, uma faixa branca de cabeça e a touca que cobria qualquer traço de cabelo, e um véu na altura da cintura. Tanto o hábito quanto a touca da cabeça eram presos com alfinetes, e muitas vezes as meninas se furavam inadvertidamente na pressa de se vestirem para a capela de manhã.

"Nenhuma de nós era uma noviça bem vestida", diz Joan com uma risada. "Claro que não havia espelhos em lugar algum e não podíamos ver como estávamos, então tínhamos sempre algo desalinhado, especialmente quando éramos postulantes. Dorothy costumava adentrar na cozinha para lavar pratos a fim de ganhar uma graça especial e algumas vezes sua touca de postulante ia parar na água de lavar."

Era uma tarefa e tanto manejar aquele hábito pesado. "Tínhamos dois hábitos pretos, um para os dias da semana e outro para os domingos", diz Liz. "Todos os domingos arejávamos o hábito semanal e escovávamos o pó. O peitilho, a faixa da cabeça e as roupas de baixo eram numerados e lavados à mão semanalmente na lavanderia. A cada seis meses nós desmanchávamos os hábitos pretos e os lavávamos. Eles eram terrivelmente pesados e quentes no verão."

"Não creio que, como noviças, nos sentíssemos noivas de Cristo", acrescenta Joan. "Estávamos nos esforçando para aprender como rezar, como agir e como sermos boas irmãs de Notre Dame para não sermos enviadas de volta para casa."

"A imagem da noiva não me atraía muito", diz Liz. "Mas eu me sentia muito apaixonada. Creio que a melhor parte foi ser formada na oração e educada para a missão. Todas as irmãs eram nossas mentoras, e havia algo muito excitante sobre ser parte de uma comunidade dedicada a fazer o trabalho de Deus. Nossa diretora era uma mulher maravilhosa que nos ensinou o que significava estar em contato pessoal com Deus. Eu tinha uma sensação de me doar sem reservas. Castidade? Até os primeiros votos isso era especialmente difícil. Eu ainda tive momentos duros depois, mas os primeiros dias foram os mais difíceis. A pobreza não era realmente um problema. Tínhamos de pedir por tudo o que quiséssemos, como sabonete, pasta de dentes, esse tipo de coisa, mas nunca nos faltava nada. Eu sempre tinha o que precisava, e aprendi alguns hábitos de conservar que deveria estar praticando hoje. Eu trouxe um dote para a Ordem — meus dois últimos contracheques, cerca de sessenta dólares. A Ordem não ganhou muito dinheiro comigo! As contas eram pagas com o estipêndio das Irmãs. Não sei como conseguiam pagar as contas. Claro que os médicos davam descontos e a taxa de educação era baixa. Quanto à obediência, nossas diretoras eram basicamente mulheres sensatas, assim não nos pediam para fazer coisas sem sentido."

Joan concorda. "A obediência em geral não era muito difícil. Todos faziam a mesma coisa. Embora algumas vezes nossa diretora nos pedisse alguma coisa apenas para nos testar. A pobreza não era também muito difícil, pois não íamos a lugar nenhum e não fazíamos nada. O que às vezes era difícil era ter de pedir por tudo o que precisávamos e não poder ter nada além do que fosse necessário à sobrevivência. Não tínhamos dinheiro de bolso. Se tínhamos de pegar um ônibus, recebíamos o valor da passagem e só. Não podíamos possuir nada, e, se recebíamos presentes, estes eram entregues à superiora para serem usados pela comunidade.

"A castidade, por outro lado, é uma grande dádiva e uma grande batalha. Acredito que o voto de castidade adquira seu significado real quando atingimos a casa dos trinta e vemos nossos amigos e irmãos com suas famílias e percebemos que nunca teremos uma família própria. A dádiva é estar livre para fazer o trabalho de Deus, sem termos de nos preocupar jamais sobre ser responsável por alguém. Quando Dot estava no Brasil, ela costumava dizer que era livre para denunciar a injustiça porque ela não tinha marido ou filhos que pudessem ser ameaçados e ela sabia que sua Congregação apoiaria seu trabalho com os pobres.

"É difícil lembrar do que sentíamos mais falta, mas creio que era de nos comunicarmos com nossa família. Divertíamo-nos muito e gostávamos umas das outras. Na verdade gostávamos do que estávamos fazendo, a maior parte das vezes! A missa da noite de Natal era como entrar nos céus. A capela era decorada lindamente, e canções de Natal eram tocadas por uma hora antes da missa de meia-noite. Havia duas irmãs que tocavam órgão e violino e outra que tocava violoncelo. A música era tão gloriosa que pensávamos que tínhamos morrido e ido para os céus."

Liz concorda. "Acho que meu primeiro Natal no convento foi um pedaço de paraíso. Entrar na capela com todas as belas decorações e velas e ouvir as irmãs tocando aquela música maravilhosa foi uma experiência emocionante.

"Dias de vestimenta — quando recebíamos o hábito — e dias de votos eram sempre especiais, pois significavam mais um passo na direção de nos entregarmos completamente a Deus. Mesmo os dias sagrados eram especiais. Tínhamos deliciosas sobremesas extras e nos era permitido conversar durante as refeições."

"Não podíamos ter amigos especiais", continua Joan. "'Amizades particulares', como chamavam, eram vistas com desaprovação. Eu me lembro de ouvir, cada vez que ia falar com uma das irmãs, que era para imaginar que estava encontrando uma princesa pela primeira vez — pode imaginar isso?

"Havia um padre que agia como nosso capelão e rezava a missa diariamente para nós. Nas décadas de 1940 e 50, até o Vaticano II, as freiras eram consideradas cidadãs de segunda classe na Igreja e servas dos padres — e ainda há alguns padres hoje que mantêm essa visão! No entanto, Julie, nossa fundadora, acreditava sinceramente em nossa autonomia e nos ensinava a ser mulheres fortes.

"Confessávamos uma vez por semana, fazíamos um retiro de oito dias anualmente — ainda fazemos — e nunca comíamos na frente de alguém que não fosse um religioso. Quando fazíamos algo errado, contávamos para a superiora, e ela nos dava a penitência, e era tudo.

"Não ouvíamos música nem íamos ao cinema ou víamos televisão. Nossa leitura era restrita aos livros espirituais e aos livros necessários ao nosso estudo, e nossos dias eram tão plenos que não tínhamos tempo para pensar em nada mais."

"Sabíamos muito pouco sobre o que se passava no mundo", acrescenta Liz. "Líamos os recortes de jornal de artigos selecionados, e a primeira vez que vimos televisão foi no funeral do presidente Kennedy. Estudávamos aos sábados e durante o verão, e demorei dez anos para conseguir meu diploma. Já que éramos uma Ordem voltada para o ensino, ensinei durante oito destes dez anos, mas sempre tive mentores excelentes. Minha área de foco não exigiu muito discernimento — um dia, na saída do refeitório, a diretora de estudos me disse: 'Inglês para você'."

Então por que qualquer menina adolescente iria querer abandonar amigos e familiares e se submeter às condições tão árduas, abandonar a chance de casar e construir uma vida para si, e se amarrar a votos incondicionais de pobreza, castidade e obediência? Por que, na década de 1950, quando a América entrava na idade de ouro do retorno aos valores tradicionais da família, a época do rock e Cadillacs rabo-de-peixe, uma jovem iria querer se encerrar longe deste mundo enorme e se tornar uma professora em uma escola de paróquia? E se queria amar e servir a Deus, por que se juntar a esta Ordem em especial?

Sem dúvida foi pelo que Dot e Joan testemunharam no Colégio Julienne entre as irmãs de Notre Dame de Namur — mulheres com coração tão grande quanto o mundo falando sobre o amor de Deus.

A Ordem foi fundada por um par de amigas, Julie e Françoise, durante a época turbulenta após a Revolução Francesa. A educação religiosa tinha sido abandonada durante as mudanças violentas que se seguiram à derrubada do Velho Regime, e as duas mulheres sentiam que o que a França e seu povo precisavam acima de tudo era amar e seguir o bom Deus. Desde 1804, quando a Ordem foi fundada, milhares de mulheres de todo o mundo se juntaram a esta missão, estabelecendo escolas em cinco continentes. Seu chamado é baseado na crença a mais simples: a de que Deus é bom. "Ah, como é bom o bom Deus!" era uma exclamação constante nos lábios de Julie, e por todo o mundo hoje a Congregação Notre Dame ecoa a boa notícia da bondade de Deus. Deus está e sempre esteve em toda a criação desde o início dos tempos, a criação de Deus é boa, e Deus sabe como transformar tudo em bem para aqueles que O amam com todo seu coração e Nele confiam.

Julie ensinou que aqueles que confiam em Deus jamais oscilarão, seja pela crítica, seja pela oposição. Serão corajosos, simples, despreocupados e alegres. Eles vão tomar suas posições com relação a tudo que traga e nutra a vida, eles trabalharão para ajudar, apoiar e empoderar toda a criação de Deus, e eles terão um coração especialmente voltado para os pobres. Julie escreveu: "Existimos apenas para os pobres, apenas para os pobres, absolutamente para os pobres", e anos mais tarde a Ordem refinou este comando para dar prioridade especial às piores vítimas da pobreza: mulheres e crianças.

Desde os dias em que Dot e suas amigas recolheram dinheiro para as crianças pobres da China, Dot nutriu um desejo de se tornar missionária. Ela e Joan costumavam sonhar em fazer algo maravilhoso por Deus e sempre conversavam a respeito disso, tomando refrigerantes na escola e comendo as maçãs colhidas de forma ilícita no convento. Juntas mergulhavam em sua educação religiosa, trabalhando, estudando e sonhando com o dia em que partiriam e fariam diferença no mundo. Mas seu futuro não estava na China, que era fechado às missionárias cristãs, mas em outro país, e elas passariam muitos anos aprendendo a viver entre os pobres antes de alcançarem o campo de missão que Deus destinara para elas.

Três anos depois de ingressar no convento, em 27 de janeiro de 1951, as duas amigas fizeram os primeiros votos. Os véus brancos das noviças foram substituídos pelos véus negros das irmãs professas ao se devotarem a Deus e à comunidade por um ano. Ajoelhadas na mesa de comunhão, cada uma segurava uma vela ao pronunciar seus votos. Cada membro da comunidade veio dar as boas-vindas e assim passaram de noviças para irmãs professas. As irmãs renovavam os votos anuais duas vezes nos dois anos seguintes, e então para um período de três anos, e finalmente para sempre.

Seis meses depois de fazer os primeiros votos, aos vinte anos, Dot foi enviada para ensinar o terceiro ano em uma escola paroquial em Calumet, Illinois. Alguns meses mais tarde foi transferida para outra escola, onde ensinou a quarta e a quinta séries. Depois de dois anos em Illinois, foi julgada pronta a seguir adiante, e deu seu primeiro passo no caminho que levaria, anos mais tarde, à floresta amazônica no Brasil. Junto com outras três irmãs, ela foi enviada para o Arizona, e foi lá que descobriu sua verdadeira vocação: trazer à tona as dádivas dos filhos de Deus e ajudá-los a sair da pobreza.

QUATRO

OS PRIMEIROS PASSOS NA MISSÃO

OS PRIMEIROS ANOS DE DOT no convento se passaram rápido com tudo o que havia para ela aprender: como viver em comunidade, como nutrir seu espírito através da oração e da reflexão, como adotar a disciplina da pobreza, castidade e obediência, como se separar do apego às coisas mundanas, como valorizar e conviver bem com cada membro da Congregação, e como se tornar uma perfeita serva de Deus. Se houve momentos de dúvida e desespero, nunca soubemos. O que vemos é uma mulher se movendo constantemente em seu caminho e se preparando para servir a Deus e ao mundo.

Depois de cinco anos, quando acabara de completar 22 anos, Dot foi considerada pronta, por suas diretoras espirituais, para começar o trabalho de sua vida. Ela servira em seu aprendizado nas escolas paroquiais de Illinois, e era agora hora de voar para longe do ninho e atravessar o país para ensinar na nova escola paroquial Most Holy Trinity em Phoenix, Arizona.

Ela chegou com três membros de sua Congregação — irmã Ann Timothy, irmã Paula Marie e irmã Angelina — em um dia de calor escaldante de agosto de 1953, e a primeira coisa que lhe chamou a atenção foi o intenso calor seco do deserto do Arizona. "Era incrivelmente quente", diz Paula Marie, "e o hábito preto tradicional e véus que usávamos eram desconfortáveis naquele clima. Eles viviam cobertos de poeira por causa das freqüentes tempestades de areia. Eu me lembro de que a escola era construída bem no meio de uma plantação de toronjas. Tínhamos terra irrigada em toda a volta, mas o terreno da escola era muito seco e empoeirado, e lembro dos *tumbleweed*, plantas rodadoras, rolando pelo pátio do recreio. Mais tarde mudamos a cor do hábito para cinza e substituímos os véus pretos por brancos. Este foi um grande avanço."

As quatro irmãs eram a equipe de toda a escola lecionando da primeira à sexta série. Dot e Paula Marie tinham 22 anos, Ann Timothy, 28 anos, e Angelina, 45 anos.

A casa delas não estava pronta, e naquelas primeiras semanas ficaram hospedadas com as irmãs Boas Pastoras, que tinham um convento tradicional e um internato para meninas tuteladas pelo estado. Mas a obra na casa andou rápido e logo se mudaram. A nova moradia consistia de duas casas pré-fabricadas unidas e localizadas bem ao lado da escola. Depois dos conventos enormes e impessoais aos quais estavam acostumadas, devem ter se sentido como uma pequena família em sua casa nova, e os paroquianos faziam o que podiam para torná-la amistosa e acolhedora. "Foi uma grande experiência para nós vivermos juntas assim, nesta situação", diz Paula Marie. "E os paroquianos se tornaram uma parte importante de nossa vida naqueles primeiros anos."

Os padres no Most Holy Trinity tinham vindo da Irlanda como missionários. "Eles eram maravilhosos, cheios de energia, e muito zelosos em espalhar o reino de Deus", relembra Paula Marie. "E tinham um grande senso de humor. O pastor, padre Neil McHugh, costumava nos levar para passeios de um dia para nos mostrar a beleza natural do Arizona. Era tudo tão novo e pouco familiar para nós. Tínhamos uma ótima relação com os padres. Eles reconheciam nossos dons e nos davam muita liberdade para completar nosso trabalho."

As irmãs experimentaram uma nova independência estando tão longe da casa materna em Ohio. "Era um grande lugar para se estar", lembra Paula Marie, "principalmente porque naquela época havia muita turbulência na Igreja e na vida religiosa provocada por todas as mudanças que aconteciam como resultado do Concílio Vaticano II."

O Segundo Concílio do Vaticano foi convocado pelo papa João XXIII de 1962 a 1965, para permitir que a Igreja Católica Romana redefinisse suas prioridades. O Vaticano II, como ficou conhecido, formalizou um movimento que vinha crescendo lentamente quando alguns membros da Igreja começaram a reavaliar toda a sua forma de ser e viver como seguidores de Cristo. Conhecido como a teologia da libertação, esse novo pensamento sustentava que o Reino de Deus era aqui e agora e que as pessoas de Deus deviam trabalhar para a justiça e a liberdade social e política. Os paroquianos se dividiam em grupos de pessoas leigas conhecidas como comunidades de base, onde a ênfase era colocada em habilitar o laico no estudo da Bíblia, refletir em sua vida diária e agir de acordo com a verdade libertadora do Evangelho. Padres e freiras estavam abandonando tanto a missa em latim quanto suas vestimentas tradicionais. Dentro das igrejas, os padres se voltavam para olhar as pessoas de frente durante a missa, convidando-as a celebrarem juntos o banquete de Deus, em vez de se afastarem das pessoas para estarem diante de Deus. A Igreja estava lentamente renunciando ao seu apego absoluto pelo poder e colocando-se ao lado dos pobres e impotentes.

"Tínhamos de repensar completamente como ser uma Igreja em um mundo em mutação", diz Paula Marie. "Era muito excitante." As irmãs ainda observavam as regras, tinham horários de oração privada e comunitária, iam diariamente à missa e tentavam manter pelo menos algum tempo de silêncio e reflexão. Observavam também os votos de pobreza, castidade e obediência. "O voto de pobreza era o mesmo que tínhamos feito em Ohio", diz Paula Marie. "Bem próximo do que estávamos acostumadas, já que tudo era mantido em comum — não possuíamos nada e éramos responsáveis pelo dinheiro comunitário gasto. E, claro, todas compartilhávamos as tarefas domésticas de cozinhar, lavar etc."

Sua comunidade pertencia à província de Ohio, e, embora tivessem total autonomia na conduta de seus trabalhos diários, eram também responsáveis e prestavam contas para a provincial (a superiora da província). A provincial costumava fazer uma visita anual a cada casa para se encontrar com a comunidade toda e com cada irmã. As irmãs recebiam também a visita do supervisor educacional, que observava seus ensinos e oferecia sugestões para aprimoramento. Então se sentiam ainda bastante parte da comunidade original, embora a distância significasse que não viam muito sua família de nascimento, exceto quando visitavam Ohio. "Minha família veio duas vezes durante os meus seis anos no Arizona, então pude vê-los", lembrou Paula Marie. "E cada visita familiar para uma de nós era uma visita para todas nós e uma ocasião muito especial."

Em 1956, três anos depois da chegada delas ao Arizona, Dot voltou à sua Congregação de origem em Cincinnati para se juntar a um grupo de outras irmãs que se preparavam para os votos finais. Ela permaneceu lá por seis semanas e retornou como irmã totalmente professa, aos 25 anos.

A vida no Arizona circulava entre paredes da paróquia, onde as missas de domingo eram rezadas, a pequena capela de Nossa Senhora do Caminho e a escola. Com o tempo, os paroquianos conseguiram construir uma igreja e expandir o prédio da escola. As irmãs devem ter sido boas professoras, populares com as crianças, porque no segundo ano tinham setenta alunos espremidos nas salas de aula. A demanda era tanta que acrescentavam uma série nova a cada ano: primeira a sétima e a oitava séries, depois um jardim-de-infância, e finalmente tiveram de dividir algumas séries em duas turmas. Dot e Paula Marie tiveram bastante sorte de poder ensinar o mesmo grupo de crianças ao longo de quatro anos, mudando de séries junto com as crianças. "Era um arranjo pouco comum", diz Paula Marie, rindo, "mas tinha muitas vantagens. Passamos a conhecer as crianças e suas famílias bem e criamos laços duradouros com elas."

Não apenas conheciam as crianças dos quatro anos passados juntos em sala de aula como também compartilhavam a vida na paróquia com suas famílias. Claro, havia um grupo grande que não tinha acesso a educação religiosa, que eram as crianças que freqüentavam a escola pública. As irmãs resolveram fornecer educação aos interessados, e em pouco tempo qualquer horário livre era ocupado com aulas extras de educação religiosa: as manhãs de sábado para as turmas da primeira à oitava série e as noites de quarta-feira para os alunos do ensino ginasial.

Foram os padres que encorajaram as irmãs a ir além dos limites da paróquia e trabalhar com as crianças dos trabalhadores mexicanos e navajos. Os mexicanos vinham trabalhar nas plantações de alface e algodão e ficavam por vários meses, até que a colheita terminasse, quando então seguiam adiante. Algumas famílias retornavam todos os anos, e, quando as crianças não estavam trabalhando nos campos, elas freqüentavam as escolas públicas locais. Elas aprendiam inglês, mas seus pais o falavam muito pouco.

Não havia nada que Dot mais gostasse do que amarrar o hábito, chamar Paula Marie e Ann Timothy, e pular para dentro da velha e acabada camionete da paróquia e dirigir-se para as barracas de um só cômodo onde as crianças de olhos escuros estavam aguardando. Angelina nem sempre podia ir com elas, pois ficava muito ocupada com a escola, mas encorajava fortemente as irmãs a fazê-lo e os visitava quando podia, e algumas vezes o padre assistente, padre Joe, ia junto com elas.

"Espanhol?", ria Paula Marie. "Nós compreendíamos um pouquinho de espanhol, mas a maior parte dos mexicanos podia compreender e falar um pouco de inglês, e eram melhores certamente com o inglês do que nós com o espanhol! Dot era provavelmente a melhor entre nós, mas ela podia se comunicar muito bem sem ter um bom domínio do idioma."

As condições nos campos dos imigrantes eram sempre precárias e com freqüência totalmente inseguras. As casas eram pequenas e amontoadas, e não havia água corrente ou eletricidade. Mas as famílias eram unidas e faziam o que podiam pelas crianças. Eles podiam não ir muitas vezes à igreja, mas se consideravam católicos e eram meticulosos sobre o envio das crianças para a instrução com as irmãs nas sextas-feiras à tarde.

"Nossas aulas eram ao ar livre", diz Paula Marie. "Era o único lugar com espaço suficiente! Mas funcionava muito bem porque o clima era maravilhoso. Algumas vezes as famílias arrastavam um banco ou algumas cadeiras, mas, se não o faziam, sentávamos no chão. O que pretendíamos era ensinar às crianças alguns elementos de sua fé e mostrar-lhes como eram importantes para nós e para cada um. Claro que aprendemos mais com elas do que elas conosco!"

As irmãs tentaram explicar aos pais que, se as crianças trabalhassem longas horas nos campos, estariam cansadas demais para ir à escola, e toda criança tinha direito à escola. Falavam também sobre saúde e os perigos para os menores se estivessem por perto quando as safras fossem pulverizadas. Falavam para as crianças que eram parte da família da Igreja, crianças de Deus, especiais e valiosas, e que os outros membros da Igreja se importavam muito com elas. Esse contato com famílias imigrantes deixou as irmãs ainda mais conscientes de que a justiça social era um braço da educação e ambas não podiam estar separadas, e, quando olham em retrospectiva para esse período, consideram que praticavam a teologia da libertação, mesmo se não lhe dessem este nome.

Encorajavam também os membros da paróquia a compartilhar o que tinham com essas famílias imigrantes, estabelecendo um local na escola onde as pessoas podiam deixar doações de alimentos e roupas. Preparavam as crianças para a primeira comunhão e conseguiam sempre os mais lindos vestidos brancos e véus para as meninas e ternos para os meninos. No dia grandioso, as famílias se viravam para admirar as crianças que vinham em procissão solene, vestidas em toda a sua elegância. As mães vinham para dentro da igreja, enquanto os pais esperavam do lado de fora — exceto na Sexta-Feira Santa, quando as irmãs davam uma festa à tarde e convidavam todos para dentro, para selecionarem a roupa e o alimento que quisessem. Era importante ter novas roupas na Páscoa, e era uma revelação para as irmãs ver que nenhum dos mexicanos pegava mais do que precisava. Eles escolhiam cuidadosamente e com freqüência compartilhavam com outros.

"Sexta-feira à tarde era nosso momento de sair para os campos", diz Paula Marie, "e mais tarde começamos a trabalhar com os índios navajo também. Há uma família que recordo até hoje. Era formada pelo pai, alguns irmãos mais velhos e um jovem a que eu ensinava. Eles moravam em uma casa de único cômodo com chão de terra e uma lâmpada pequena pendurada no teto. Não havia água corrente e precisavam buscar água no cano externo, e usavam o banheiro externo. Nunca tinha visto pobreza igual antes e isso me marcou profundamente. Claro que nosso foco principal era a educação religiosa, mas fazíamos o que fosse possível para ajudar com o que necessitassem, e algumas vezes nos procuravam na cidade se estivessem com algum problema."

O irmão de Dot, David, lembra de ir de carro com os pais, de Ohio, para visitá-la, e de como ela implorava para que a buscassem depois da escola e fossem para os campos dos imigrantes. "Ela abraçava as crianças e batia nas portas, e os homens estavam fora trabalhando ou bebendo, e ela então se relacionava com as mulheres e as crianças."

Nove anos depois, em 1964, quando a irmã Mary Jeanne se juntou ao grupo, este crescera para onze irmãs e Dot havia se tornado a superiora. Naquela época as irmãs moravam em duas casas. Uma delas tinha uma pequena capela e local para as refeições e para estar, e acomodava seis das irmãs. Ao final do dia as outras cinco atravessavam a estrada para ir dormir na casa amontoada que antes pertencera ao padre da paróquia. Estudo privado acontecia ou na casa principal ou em uma das salas de aula.

Naquele tempo a escola já havia crescido muito. "Devia haver umas quinhentas crianças quando eu cheguei", lembra Mary Jeanne. "Cada série era dividida em duas, e eu acho que havia uma irmã para cada série. Havia também muitos professores leigos. Era uma ótima escola — tinha uma excelente atmosfera, em grande parte por causa das irmãs. Dot era tanto a diretora da escola quanto a superiora de nossa pequena comunidade. Uma das coisas de que mais me lembro sobre Dot era de quanto parecia sempre alegre. Eu não sei se no fundo ela queria ser diretora, mas ela fez com certeza um grande trabalho."

Porque Paula Marie e Dot não tinham completado sua educação, tentavam arrumar algum tempo nos sábados à tarde para estudar e em todos os verões passavam seis semanas na faculdade de St. Joseph na beira do Rio Grande, em Albuquerque, Novo México. Era uma faculdade nova, que servia tanto aos estudantes religiosos quanto aos leigos, e as irmãs fizeram uma variedade de cursos em humanidades, ciências e educação, e achavam que lhes provia uma boa base para seu trabalho. Paula Marie formou-se mais tarde em Ohio, e Dot finalmente formou-se em 1964, aos 34 anos, na Faculdade de Notre Dame em Belmont, Califórnia.

Os primeiros anos no Arizona foram muito ocupados. "Éramos jovens e nosso nível de energia era muito alto — o que vinha a calhar!", reflete Paula Marie. "Durante todos aqueles anos ali, a escola era nossa missão original e de tempo integral, mas pudemos fazer também muito mais coisas. Nós simplesmente adoramos aqueles anos iniciais! Divertíamo-nos tanto, eram tantas as aventuras! Foi realmente um período revigorante para nós. E aprendemos muito. Tudo o que fazíamos parecia enriquecer todo o resto, e tinha um grande impacto para a nossa vida futura.

"Creio que para Dot os anos no Arizona a ajudaram a levar adiante um forte desejo de trabalhar com os pobres e marginalizados, e certamente estabeleceram a base de seu futuro trabalho no Brasil. Nós todas nos mudamos para diferentes locais e trabalhos, mas os vínculos que formamos duraram uma vida. Sempre que Dot retornava a Ohio vinda do Brasil, nunca deixávamos de nos encontrar e compartilhar o que estava acontecendo em nossa vida."

Em dezembro de 1964, um artigo apareceu no *Arizona Republic* descrevendo o trabalho das irmãs com os imigrantes. Dot, ainda conhecida como irmã Mary Joaquim, é descrita como uma "bola de fogo. Uma mulher pequena com uma alma enorme, ela caminha entre 'suas famílias' com uma vestimenta cinza-clara e esvoaçante véu branco, uma hora conversando e em outra disciplinando. A luz, cuidado e determinação que saem dos olhos da irmã Mary a tornam quase um risco de incêndio, e muitas chamas já foram acesas em muitas mentes. Para as crianças ela está ali como professora. Para as famílias, ela e as irmãs se tornam a Igreja por viverem o Evangelho de Mateus 25, 35-41:

> "Porque tive fome e deste-Me de comer, tive sede e deste-Me de beber; era peregrino e recolheste-Me; estava nu e deste-Me de vestir; adoeci e visitaste-Me; estive na prisão e foste ter Comigo."
> Então, os justos responder-lhe-ão: "Senhor, quando foi que Te

vimos com fome e Te demos de comer ou com sede e Te demos de beber? Quando Te vimos peregrino e Te recolhemos, ou nu e Te vestimos? E quando Te vimos doente ou na prisão e fomos visitar-Te?" E o Rei dir-lhe-á em resposta: "Em verdade vos digo: Sempre que fizerdes isto a um destes Meus irmãos mais pequeninos a Mim mesmo o fizestes".

"As famílias precisavam de comida?", continuava o artigo. "A Irmã Mary lhes encontrava alguma. Uma família de nove, vivendo dentro de um ônibus velho, precisava de um local para ficar? Ela tentaria encontrar um. Mães que acomodavam seus bebês em caixas de papelão através dos campos de algodão ao trabalharem precisavam de cobertores e roupas para seus bebês? A Irmã Mary Joaquim sabia que haveria em algum lugar e ela iria encontrá-los."

Nos anos que se seguiram, o Segundo Concílio do Vaticano e o Concílio de Medellín (um encontro de bispos da América Latina para definir a nova teologia) mudariam radicalmente vários aspectos da Igreja. Dot viveria plenamente naqueles anos turbulentos, nos quais alguns padres e freiras abandonariam inteiramente a Igreja, alguns se refugiariam na familiaridade reconfortante das antigas tradições, e outros abandonariam seus hábitos e experimentariam novas maneiras de viver dentro ou fora de suas comunidades.

Nesse trabalho com os pobres, Dot estava recebendo um treinamento básico na sua vocação. Em 1966 seu desejo de coração de ser uma missionária foi finalmente atendido, e ela foi enviada, com sua amiga Joan, para o Brasil. Ela não poderia ter tido melhor preparação do que aqueles anos nos campos dos imigrantes do Arizona.

CINCO

O PERÍODO INICIAL NO BRASIL

AS IRMÃS CHEGARAM AO BRASIL em agosto de 1966, durante os primeiros anos da ditadura militar.

O primeiro vôo intercontinental que fizeram, em um avião da Pan Am, as levou de Miami para o Rio, servidas por pequenas e sorridentes aeromoças de chapéu, salto alto e uniforme. O avião mergulhou sobre as montanhas de granito e desceu na grande expansão da baía de Guanabara, deixando-as no caos do aeroporto, com os sons de uma língua não familiar, a disputa pelos carrinhos de bagagem e procedimentos de alfândega. Seus sentidos devem ter rodopiado quando viram o Rio de Janeiro, a Cidade Maravilhosa, com suas cores estonteantes, o cheiro de mar misturado com o de suor e esgoto, o calor úmido dos trópicos. O Cristo Redentor com os braços abertos abraçando a cidade. A praia de Copacabana, com suas calçadas decoradas de ondeados em preto-e-branco, os ricos e sofisticados, os pobres e famintos.

O Rio oferecia um contraste desconcertante entre o rico e o pobre. Motoristas aceleravam pelas ruas, buzinando loucamente e cortando através de densas multidões de pedestres, lambretas, carroças e um ocasional jumento. Durante tempestades violentas, os raios atingiam as montanhas, mas de manhã a baía cintilava, com sua água no mais delicado tom de turquesa, ecoado e intensificado pelo azul profundo do céu e o branco brilhante da areia das praias. As irmãs devem ter ficado impactadas pela mistura de impressões: crianças de rua, bêbados dormindo nas calçadas, a Polícia Militar de óculos escuros, assaltantes, vendedores de coco, vendedores ambulantes; o ruído que atacava seus ouvidos; o arroz e feijão que era a dieta básica; o calor escaldante, as pequenas xícaras de café exageradamente doce; as frutas exóticas, mangas e abacates, abacaxis e bananas — frutas que pareciam tomates, tinham gosto adocicado, e eram chamadas de caqui; queijos brancos suaves, sobremesas em calda açucarada.

As irmãs finalmente pegaram um carro que as levou pelas estradas sinuosas através das exuberantes matas até Petrópolis, nas frescas montanhas. Bobby, Patrícia, Marie, Dot e Joan, cinco irmãs vestidas com hábitos do mundo ordenado da América do Norte, logo se viram no centro de treinamento de missões por onde passaram alguns dos maiores teólogos — Ivan Illich, Dom Hélder Câmara, Gustavo Guttiérez. Mergulharam com paixão em sua nova vida, participando de sessões espíritas e visitando os terreiros dos cultos afro-brasileiros de macumba e umbanda, onde mulheres rodopiavam pelo chão ao som insistente dos tambores e caíam em transe quando visitadas pelos velhos deuses da África. Estudavam a teologia de libertação, a política da resistência e história. Qualquer idéia de que o espanhol ajudaria se desfez como bruma da manhã ao tentarem fazer com que suas línguas sem prática revolvessem em torno do português, o "idioma dos anjos", com sua doçura nasalada e seus sons estranhos que devem ter-lhes recordado o polonês ainda falado em algumas áreas do Meio Oeste americano.

Havia tanto para aprender, tantos novos rostos do mundo todo, uma quantidade atordoante de idiomas, experiências, histórias para contar e ouvir, novas idéias a considerar. Para celebrar a formação da escola da missão fizeram uma viagem de duas semanas pelas cidades coloniais de Minas Gerais, onde Virgens de rosto doce olhavam de tetos ornamentados e esculpidos em igrejas barrocas gloriosamente douradas.

Quando foi o momento de partir para os campos da missão, o primeiro trecho de sua viagem as levou à cidade portuária do Recife. Quando as irmãs reuniram sua bagagem e esperaram pelo aviso oficial de embarcar no pequeno avião, surgiram os outros passageiros, deixando-as com um assento virado de costas e um sofá na cauda da aeronave. Alguns passageiros começaram a vomitar quando o avião mergulhava e sacudia pela turbulência, e as aeromoças corriam para a frente e para trás passando pequenos saquinhos e finalmente colocando jornais no chão.

Quando finalmente aterrissaram no Recife, foram levadas para visitar as irmãs da Santa Virgem na cidade de Olinda, fundada no século XVI. Deve ter sido um alívio abençoado depois do vôo e seus olhos devem ter se banqueteado com a visão sobre o mar azul brilhante pontuado por jangadas deslizando sobre a água com o vento soprando em suas velas remendadas. Mas as irmãs estavam ansiosas para continuar, e depois de alguns dias tomaram outro pequeno avião para a cidade colonial de São Luís, onde foram calorosamente recebidas pela Congregação de Notre Dame situada nos arredores da cidade, em Rosário. Ali passaram o primeiro Natal tropical —

um momento para refletir mais uma vez na missão que estava à frente e para agradecer ao seu bom Deus por tê-las trazido sãs e salvas tão longe de casa.

O dia seguinte ao Natal amanheceu com a chegada do jipe paroquial de Coroatá, guiado por um homem chamado Braguinha. Dando adeus a Marie, que ficaria em Rosário, as irmãs se empilharam junto com seus pertences e partiram cheias de excitação para o interior. Foi uma viagem longa, quente e empoeirada sobre estradas onduladas, e duas vezes o jipe parou com um solavanco para que Braguinha pudesse trocar uma roda. Com o cair da noite, chegaram finalmente à pequena cidade de Coroatá, e foram recebidos pelo bispo e dois padres italianos jovens, Lorenzo e Gabriel.

As irmãs tinham parado de usar o hábito ainda durante o treinamento para a missão. Vestiam agora saias pretas e blusas brancas, e na jornada poeirenta tiraram os véus para mantê-los limpos. O plano era recolocá-los quando chegassem, mas, para sua surpresa, o bispo ficou encantado em vê-las sem os véus e lhes disse isso. Nunca mais os usaram.

Coroatá, Maranhão, uma pequena cidade a um dia de distância de São Luís, consistia de três ruas de paralelepípedos e um emaranhado de ruas laterais que se conectavam com valas abertas onde crianças e cachorros corriam atrás uns dos outros através da poeira. A praça principal com a igreja da paróquia era no centro da cidade, e a casa das irmãs era próxima. A cidade se conectava ao resto do mundo por uma ferrovia e estradas de terra para São Luís, e as pessoas ganhavam seu sustento com a agricultura de subsistência — e do coco de babaçu que crescia tão abundantemente em palmeiras graciosas nos campos. As mulheres os recolhiam, colocavam-nos entre os pés descalços, e cortavam as cascas duras com golpes treinados de seus facões antes de vendê-los aos proprietários de terra que os despachavam para ser processados como óleo. Era um trabalho penosamente árduo. As pessoas eram paupérrimas, e sofriam doenças da pobreza: vermes e cãibras nas entranhas, doenças de pulmão agravadas pela fumaça dos fogões a lenha, malária e febres tropicais. Tratavam suas doenças com ervas medicinais e preces murmuradas, e como último recurso consultariam o único médico na cidade. Ele nunca enriqueceu, pois ninguém tinha dinheiro; ele recebia o pagamento em galinhas ou verduras, e algumas vezes um pernil de porco. Mais tarde se tornou o prefeito, e depois deixou a cidade.

As irmãs receberam uma casa agradável de barro rosa-claro coberta de telha. Tinha um suprimento errático de água corrente, e de eletricidade, fornecida pelo gerador da cidade, que era ligado entre as 18 e as 22 horas todas as noites para que as crianças pudessem ir para a escola, o único horário em que podiam deixar o trabalho. A casa era mobiliada precariamente: cada freira tinha uma rede, e havia algumas cadeiras, uma geladeira a querosene, e um pequeno fogão a gás, mas não tinham utensílios de cozinha exceto uma caçarola velha. Felizmente sua superiora lhes havia provido com alguns pratos e copos de plástico.

Maranhão era (e permanece) um estado feudal controlado por algumas famílias de proprietários de terra e políticos. Ali a maioria das pessoas era considerada capacitada apenas a lavrar o solo e cuidar do gado, e a viver submetida ao patrão, ao padre e ao prefeito. As crianças deviam obedecer aos pais sem questionar, as mulheres a acatar e cuidar de seus homens, e todos deveriam apoiar a hierarquia, que beneficiava apenas os poucos no topo.

"Nós pintamos nossa casa com cal e plantamos flores, e depois de dias esfregando e pintando estávamos prontas para receber a população e para a visita do bispo", relembra Joan. "Durante a missa o bispo nos chamou ao santuário e nos pediu que disséssemos algumas palavras. Dot foi indicada como representante, e ela teve de pensar rápido, mas naquela hora de dificuldade seu português falhou e tudo o que ela pôde dizer foi 'obrigada, estamos felizes de estar aqui, muito obrigada'. Felizmente o bispo a salvou."

Joan lembra o primeiro visitante na casa: Gracinha, de dezessete anos, que passou por lá para dar as boas-vindas.

"Eu nasci e fui criada em Coroatá", diz Gracinha. "Meus pais eram muito conservadores e eu era uma verdadeira rebelde. Tudo o que eu queria era usar minissaia e ouvir os Beatles, mas minha mãe não podia nem ouvir falar. Eu não podia nem ir dançar! Ouvimos que algumas freiras estrangeiras estavam chegando, então é claro que esperávamos um grupo de velhas senhoras em hábitos pretos, carregando crucifixos. E o que recebemos? Quatro jovens mulheres modernas que pareciam perfeitamente normais. E estavam sempre tão alegres. Dorothy especialmente estava sempre sorrindo. Ela irradiava paz e contentamento.

"Eu fui a primeira visitante. Eu lhes disse: 'Olhem, eu vivo nesta cidade e quis vir e dar as boas-vindas a vocês'. Elas não falavam português muito bem, e precisavam comprar algumas coisas para a casa, mas não sabiam as palavras. Lembro-me de que estavam atrás de um moedor de carne, mas eu não tinha idéia do que queriam. Finalmente fizeram um desenho que eu entendi logo!"

As irmãs escolheram Dorothy para ser a chefe de família. "Ela foi sempre uma pessoa muito simples", diz Gracinha. "Não tinha nenhuma vaidade. Cortava seu cabelo sempre muito curto e então não era um problema mantê-lo em ordem. Eu ria dela, porque ela dizia que não agüentava sapatos, tinha de ser sandálias. Ela saía de casa de manhã depois da oração na capela, e rezava para que Jesus a iluminasse para que pudesse trabalhar com os pobres e tornar a vida deles melhor.

"Um dia passei por lá quando era a vez de Dorothy cozinhar. Quando cheguei, ela disse, com seu português engraçado: 'Ei, Gracinha, veja o que me deram'. Era uma fruta local chamada bacuri. Ela tem uma casca dura, então precisa abri-la. A carne é branca e um pouco glutinosa, e algumas pessoas não gostam, eu acho maravilhosa. Esta é a parte que você come, mas é claro que Dorothy não sabia disso. E o que você acha que ela fez? Jogou fora as sementes e a carne, pegou a casca e tentou fervê-la com água!

"As irmãs não se comportavam como freiras tradicionais", continua Gracinha. "Então de início não sabíamos muito bem como lidar com elas. Demoramos um pouco para nos acostumarmos. Elas nem pareciam freiras. Não usavam hábito. Usavam saia e blusa."

"Nós cortávamos nossos hábitos e fazíamos saias", confirma Joan. "Fazíamos blusas brancas e saias pretas, e usávamos meias pretas e sapatos de laço — de laço preto. Parecíamos umas idiotas. As pessoas não podiam entender como poderíamos ter rosto alvo e pernas pretas — as crianças todo o tempo tentavam nos tocar! E claro que tivemos de viver sem véu. Foi uma saga em si mesmo.

"O bispo nos explicou que as mulheres locais adoravam usar véus para irem à missa. Bem, nem todas tinham véu, então o que faziam era pegar um lençol ou toalha de mesa, e, quando se ajoelhavam no altar para a comunhão, elas entravam na fila e se colocavam embaixo. Mas o lençol nem sempre cobria todo mundo, então algumas no final da fila estavam sempre tentando puxá-lo de sob as outras para se cobrirem! Ele queria que nós não usássemos o véu para que elas compreendessem que estava bem não cobrir a cabeça.

"Claro que a primeira coisa que tivemos de fazer foi arrumar o cabelo. Então todas fomos fazer um permanente — e lá estávamos, tentando explicar o que queríamos, em nosso terrível português! Foi uma confusão.

"O passo seguinte que demos foi mudar a cor de nossa blusa de branco para cor ferrugem, para que a poeira não aparecesse. Depois mudamos a saia de preto para um material mais leve em cinza. Depois disso nos livramos da meia, pois elas se encheram de furos e já não era possível remendá-las. Então as jogamos fora, e depois passamos para saias-calças e finalmente para calças — pode imaginar?"

"Ninguém podia acreditar, a princípio", diz Gracinha. "Freiras usando saias-calças? O que viria a seguir?"

"Creio que deve ter sido um choque ver freiras que não usavam hábito", explica Joan, rindo. "A outra coisa que fizemos que os chocou foi que fomos as primeiras mulheres a dirigir. As mulheres não dirigiam carros. Dependiam inteiramente de seus homens. Lembro-me de que quando precisamos de uma tábua de passar fomos à serraria, dissemos o que queríamos e demos as medidas. Eles simplesmente nos olharam e disseram 'vão chamar seus homens', e nós respondemos 'não temos homens — isto é o que queremos que façam'. E, quando o fizeram, colocamos em nossos ombros e levamos pela rua para nossa casa. As mulheres não faziam isso. Devemos ter quebrado toda regra sobre o que uma mulher fazia ou não fazia. Construímos nossas próprias estantes com pedaços de madeira colocados sobre tijolos, e fizemos a primeira pia de Coroatá. As pessoas usavam bacias de lata para se lavar e lavar roupas. Mas, a primeira vez que conseguimos que nos fizessem uma pia, cometemos um grande erro. Claro que não havia ralo. Então pedimos que colocassem um tampão — só que pedimos que colocassem na frente em vez de embaixo, então a primeira vez que deixamos a água sair ficamos encharcadas. Tenho certeza de que todos pensaram que éramos completamente loucas. Mas estávamos constantemente tentando fazer pequenas coisas como esta, coisas simples, para lhes mostrar que sem muito ainda se podia viver com dignidade."

As irmãs começaram por visitar cada casa na cidade para se apresentarem, e então passaram a fazer reuniões de improviso e a estudar a Bíblia nas ruas. As primeiras incursões no campo foram parte da desobriga, visitas regulares que precisavam fazer às comunidades rurais uma vez por mês, uma vez a cada três meses ou, para as áreas mais remotas, uma vez por ano. Algumas vezes tomavam o trem ou um vagão que seguia pela ferrovia; algumas vezes subiam no jipe da paróquia e seguiam até onde a estrada as levasse. Quando a estrada terminava, haveria sempre alguém com cavalos e às vezes mulas.

Joan lembra que uma desobriga "era uma grande ocasião, e as pessoas costumavam lançar fogos de artifício como um sinal de que o padre estava a caminho. Então, ao chegarmos, todos estavam esperando por nós. Ofereciam-nos quartos nas casas dos fazendeiros, havia um grande banquete e missa, e batizávamos cinqüenta, 75 ou cem crianças que tinham nascido naquele ano e casávamos qualquer um que estivesse vivendo junto desde a última vez que os tínhamos visitado. As pessoas sabiam que tinham de batizar as crianças, porque sempre diziam 'quero que meu bichinho seja salvo', e sabiam que, se a criança morresse sem o batismo, não iria para o céu. Mas não demorou muito para que percebêssemos que não tinham idéia do que isso queria dizer. Eles iam para a missa em total silêncio. Era assustador."

As irmãs ficaram perturbadas com o que viram. "Quando percebi que as pessoas iam à missa apenas porque achavam que tinham de ir, bem, me fez chorar", disse Joan. "Era como um gado sendo tocado, sem idéia do que estava se passando. E as outras irmãs sentiram o mesmo. Então nos sentamos com os padres e dissemos: 'Temos de fazer melhor do que isso. Precisamos trabalhar com as pessoas e ver se podemos ter algumas comunidades erguidas e funcionando'.

"Os dois padres eram ótimos, excelentes professores, com muito boas idéias sobre como evangelizar. Eram novos na cidade, como nós, então começamos juntos o nosso ministério, nos reunindo todas as noites em nossa casa para falar sobre o que estávamos fazendo, o que tínhamos aprendido e o que tentaríamos fazer no dia seguinte. Pouco a pouco desenvolvemos um plano pastoral." Alguns meses depois de sua chegada, os padres foram de férias para a Itália e as irmãs assumiram as aulas de religião na cidade.

Esses foram anos excitantes para a Igreja católica, que sempre apoiara o *status quo*, a hierarquia, as regras de governança. Antes do Vaticano II, o poder era mantido no Vaticano, pelos bispos, e em medida menor pelos padres. As freiras eram consideradas tendo um papel menor, trabalhando com educação e saúde e se mantendo subordinadas à hierarquia masculina.

A missa era em latim, o clérigo era o intermediário entre Deus e as pessoas, e o leigo não era encorajado a ter uma parte ativa na divulgação do Evangelho. A maioria das famílias católicas tinha a Bíblia colocada de forma cerimoniosa em suas salas de estar, onde anotavam detalhes da história familiar tais como nascimentos, casamentos e mortes, mas em geral sua relação com a Palavra de Deus era através de interpretações oferecidas pelos padres da paróquia ou o catequista.

Essa situação, que continuou inalterada por centenas de anos, seria em breve dramaticamente transformada pela revolução na tecnologia da comunicação. As pessoas do mundo conectadas pelo rádio e pela televisão começavam agora a se pensar como parte de uma comunidade mundial. Ciclones em Bangladesh, terremotos na China, guerrilhas na África — tudo isso começou a se infiltrar na consciência coletiva.

Em termos da Igreja católica, este novo pensamento levou à formulação de uma quantidade de novas formas de pensar a Igreja — em uma dessas linhas de pensamento a Igreja não era mais uma instituição para levar os fiéis à salvação, mas um conjunto de pessoas, religiosas e leigas, que faziam uma leitura renovada do Evangelho, seguindo Cristo em sua opção pelos pobres e párias da sociedade, e trabalhando para realizar seu reino de retidão e paz aqui e agora. A teologia da libertação aliviou freiras e padres do peso de terem de sozinhos levar a salvação ao mundo e envolveu o leigo em uma participação ativa na vida da Igreja que não acontecia desde o tempo dos primeiros cristãos. Nada disso teria acontecido se não fosse pela presença exuberante do papa João XXIII, um homem que tinha um coração voltado para os pobres. Foi ele quem incumbiu a Igreja de repensar seus princípios básicos e tomar uma posição junto aos desprivilegiados. Era uma responsabilidade desafiadora, e as irmãs responderam a ela alegremente de todo coração.

"Foi uma época incrivelmente emocionante", relembra Joan. "O que resultou de tudo isso foi que nós passamos a ser a Igreja dos pobres, que se encaixava totalmente com o que nossa fundadora Julie costumava dizer. Então nós, religiosos, tentávamos nos reunir e traçar como deveria funcionar a Igreja dos pobres. Percebemos que se íamos trabalhar com os pobres, teríamos de viver com os pobres, viver como os pobres e comer como os pobres. Se farinha de mandioca fosse tudo que pudessem oferecer, era o que comeríamos. Nos custou um tempo convencê-los de que estávamos de fato intencionados a isso. E foi então maravilhoso perceber como começavam a andar de cabeça erguida."

"Elas mudaram completamente a idéia de Igreja", lembra Gracinha. "Antes de chegarem, costumávamos ir à missa porque os padres nos haviam dito que era pecado não ir. Mas, quando os padres jovens e as freiras chegaram, viraram tudo de cabeça para baixo. De repente tudo ganhou vida de uma maneira impressionante — foi uma revelação. Dorothy trabalhava com os adultos, Joan com os jovens, e Bobby com música. Uma música maravilhosa era aquela, realmente melodias fáceis de lembrar. E as palavras eram inspiradoras — falavam sobre construir um Reino dos Céus, e nós sentíamos que era isso realmente que estávamos fazendo. Dorothy simplesmente adorava cantar. Uma das canções era sobre 'vamos sair pelo mundo e trabalhar', e eu escolhi essa canção para o meu casamento porque eu estava saindo de Coroatá e indo para o mundo.

"Dorothy costumava dizer 'vamos sair pelo mundo, pelos vilarejos'. Então nós formávamos um pequeno grupo e levávamos uma lanterna conosco — não havia eletricidade —, e chegávamos cantando essas canções melodiosas, e as pessoas saíam de suas casas e Dorothy começa a lhes falar sobre o Evangelho, e tínhamos momentos maravilhosos. Esses foram alguns dos dias mais felizes de minha vida."

SEIS

APROFUNDAMENTO

"FOI ASSIM QUE CONSTRUÍMOS A NOVA IGREJA", lembra Gracinha. "Era a Igreja do povo, uma Igreja onde todos podiam participar. Antigamente a Igreja não pertencia aos pobres. Era a Igreja dos ricos. Bem, as irmãs mudaram isso. Mudaram o prédio também, pintando-o com maravilhosas cores vibrantes. Diziam continuamente que a Igreja não era o prédio, éramos nós próprios, o povo de Deus. Juntos, criamos as comunidades de base e iniciamos grupos de jovens. Lembro que nos disseram que nós, os jovens, éramos como o fermento no pão, e era nossa função trazer vida para a cidade. Nós publicávamos um pequeno jornal, nem lhes conto, era uma loucura. Ninguém podia imaginar uma coisa destas!"

Joan continua a história. "Depois do primeiro ano, recobramos nossa coragem e dissemos aos fazendeiros que não voltaríamos ao desobriga a menos que as pessoas nos quisessem ali. E não iríamos mais nos hospedar nas casas-grandes, queríamos ficar com o pessoal do vilarejo. Claro que os fazendeiros ficaram zangados. E o povo também não estava confortável em nos hospedar em suas casas. Eles não se achavam dignos de terem o padre e as irmãs sob seus tetos. Pensavam que não iríamos conseguir comer suas comidas. Ficavam ansiosos imaginando que não tinham o suficiente. Então nós declaramos: 'Vamos comer o que vocês comerem. Se não tiverem comida, nós não comeremos'. No início se sentiram mal, porém pouco a pouco compreenderam que falávamos a sério.

"Então, lá estávamos, tentando estabelecer comunidades de base por todo lugar, e lhes digo, não tínhamos descanso. Quando estávamos na cidade, achávamos que devíamos estar nas áreas rurais, e, quando estávamos ali, nos preocupávamos sobre quem estava tomando conta da cidade, então no final tivemos de dividir o trabalho. Eu ficava na cidade e Dot saía para o campo. E, claro, o que tínhamos de fazer em seguida era juntar os dois grupos.

"O padre tinha uma casa grande, muito grande para apenas uma pessoa, então lhe perguntamos se podíamos transformá-la em um centro paroquial, trazer as pessoas da área rural, conduzir cursos sobre a Bíblia, treinamentos em liderança, espiritualidade, e música. Antes disso, as pessoas costumavam cantar aquelas canções tristes da Europa do século XIX, e nós começamos a colocar letra em músicas brasileiras, e as pessoas simplesmente adoravam! Pouco a pouco começamos a formar estas comunidades. Estávamos sempre buscando líderes — alguém que pudesse ler razoavelmente bem e que tivesse algumas qualidades de liderança."

"Outra coisa louca sobre as irmãs era o carro delas", lembra Gracinha. "Havia uma história e tanto com relação ao carro. Parece que, antes de partirem da América, um de seus amigos disse: 'Irmãs, se eu ganhar muito dinheiro, vou lhes enviar um carro'. Elas então rezaram por ele e imagine o que aconteceu? Ele ganhou muito dinheiro e de fato lhes enviou um carro. Era o único carro na cidade, exceto pelo jipe do padre. E tinha lugar para muitas pessoas, e podiam então dirigir por toda parte. Podem imaginar o falatório na cidade? Freiras dirigindo um carro? Claro que facilitou muito as coisas, principalmente chegar às regiões remotas."

Mas era ainda uma batalha se comunicar, e o português que as irmãs aprenderam no centro de treinamento em Petrópolis ainda não era o suficiente.

"Um dia passei pela casa delas e lá estava Joan aos prantos", diz Gracinha. "'Deus do céu, irmã', eu disse, 'qual o problema?'"

"'Oh, não sei', ela respondeu, fungando. 'Eu não consigo compreender esta língua. A palavra para *fork* [garfo] é masculina e a palavra para knife [*faca*] é feminina e na minha língua não tem nada parecido com isso, e eu não sei mais o que fazer. Não vou nunca conseguir falar português direito'."

"Eu achava que nunca conseguiria desenrolar minha língua para falar certo", concorda Joan. "Dava instruções para as crianças, e elas ficavam todas ali sentadas com aquele sorriso, e eu sabia muito bem que não estavam entendendo nada do que eu dizia. Mas Gracinha encontrou uma solução. Ela se ofereceu para nos ensinar português, e eu disse que não tínhamos dinheiro para pagar; ela ficou muito zangada e disse que não queria dinheiro e que eu poderia ajudá-la com seu inglês. Então este foi o trato. Eu pensava o que ia dizer para as crianças, escrevia em português, e ela então indicava meus erros e devagar meu português começou a melhorar."

Em uma de suas cartas Dot fala desses tempos iniciais. "Nos fins de semana saíamos para o campo e visitávamos as comunidades espalhadas. Estávamos em busca de líderes leigos.

Em cada lugar que íamos nos concentrávamos em achar algumas pessoas que quisessem reunir outras pessoas, cantar, fazer leituras e reflexões sobre a Bíblia. E levávamos um dos padres e celebrávamos missa — sempre nas casas desses líderes.

"O que fazíamos era chegar ao vilarejo pela tarde, se pudéssemos. Organizávamos encontros separados com os jovens, as mulheres, e os homens, e mais tarde nos reuníamos todos para compartilhar nossas descobertas. Todos os grupos estudavam a mesma passagem da Bíblia, e era formidável ouvir as visões de cada um. Era especialmente bom para as mulheres porque, quando tinham reunião de comunidade, os únicos que falavam eram os homens! E a missa do dia seguinte seria baseada nas reflexões da noite anterior. Então se tornou uma genuína celebração da comunidade baseada em como as pessoas estavam vivendo e como se sentiam em relação à vida delas."

"Iniciamos com os homens", lembra Joan, "porque sabíamos que poderíamos atrair as mulheres sem problemas. Depois de trabalhar com os homens, diziam-nos: 'Sabem, conhecemos mais de religião do que nossas mulheres, e achamos que vocês deveriam ensinar a elas também'. E tinham tanto orgulho de serem catequistas! Eles queriam aparentar de acordo, e pediram às mulheres para confeccionar batinas para eles parecerem padres. Tínhamos de rir, mas lhes dissemos com tato que ser um líder religioso não tinha a ver com usar batinas.

"Pouco a pouco montamos um programa educacional e o colocamos em prática. Não tinha escolas no campo, mas, se você reunisse vinte e cinco crianças, conseguia-se dinheiro do governo para pagar alguém para ensinar, e nós escolhíamos com muito cuidado professores que pudessem influenciar outros. E o movimento todo cresceu como bola de neve. Àquela altura já estávamos lá havia sete ou oito anos, as comunidades de base estavam indo a todo vapor e tínhamos uma quantidade de grupos escolares também. Não estávamos formalmente envolvidos com política, mas pode-se dizer que nos envolvemos pela porta dos fundos, porque quando se trabalha para melhorar as condições dos pobres, nos misturamos com política mesmo sem nos darmos conta."

O tempo passava depressa, com as viagens para o interior, supervisionando as escolas, dando aulas de catecismo, e se envolvendo cada vez mais na vida das pessoas. Alguns dos paroquianos achavam assustadora essa nova forma participativa da Igreja, mas muitos se aproximaram com entusiasmo considerável e fizeram o máximo para criar comunidades onde as pessoas genuinamente se importavam umas com as outras. Enquanto isso as irmãs estendiam seu trabalho às prostitutas, jovens moças do interior que tinham poucas habilidades e nenhuma forma alternativa de se sustentar e às suas famílias. Estavam determinadas a ajudar essas moças a encontrar formas mais saudáveis de sustento. Quando lhes perguntavam o que realmente gostariam de ser se tivessem uma escolha, algumas sugeriam cabeleireiras ou manicuras, outras costureiras ou artesãs. As irmãs então organizaram cursos para treiná-las em diferentes profissões e as colocaram em casas seguras onde poderiam ficar enquanto se adaptavam à nova vida. Depois mudavam para uma cidade vizinha onde ninguém as conhecia, para começar do zero.

Todo esse trabalho das irmãs era realizado no cenário de um governo militar cada vez mais repressor, e as irmãs logo foram notadas. "Começou com o nosso apoio às comunidades rurais que queriam construir sua própria escola", diz Joan.

"Escola era uma das primeiras coisas que as pessoas queriam. E me lembro de que muitas vezes as pessoas construíam pequenas escolas e os fazendeiros mandavam que derrubassem. Eles não queriam que os camponeses soubessem o que estava se passando no mundo. Então é claro que tivemos problemas com os fazendeiros. Eles consideravam que éramos comunistas. As pessoas estavam sempre em dívida com os fazendeiros — acho que se poderia chamar isso de sistema feudal. Eles vendiam sua colheita para os fazendeiros e tinham de comprar deles as sementes, e de algum modo o dinheiro que ganhavam nunca era suficiente para cobrir o dinheiro que deviam.

"As pessoas eram mesmo paupérrimas. Porém era incrível como conseguiam sobreviver. Havia um pouco de farinha de mandioca, um cacho de bananas e um pouco de café. Tinham apenas alguns pratos e copos, então fazíamos rodízio para comer e tomar café. Mas o pior não era a pobreza — era o fato de viverem com medo. Temiam os senhores da terra, temiam a polícia, temiam o exército."

"Foi um período duro", explica Gracinha. "Havia greves, as pessoas eram presas, o exército estava em toda parte. Vivíamos com medo da polícia. Mas as irmãs sempre nos diziam 'não se preocupem, tudo ficará bem'."

Bobby se lembra da tensão subjacente. "Lá para 1968, aqueles entre nós que moravam no Brasil estavam conscientes da repressão e da violência promovida pela ditadura militar", ela escreve. "Eles assumiram em 1964. Era o momento do Milagre Brasileiro, um período de grande crescimento econômico que, mais tarde, foi chamado de Capitalismo Selvagem. Tudo — a terra, os recursos naturais, as pessoas — era sacrificado em nome do desenvolvimento. Parte do negócio era um acordo econômico entre o Brasil e os Estados Unidos que favorecia companhias multinacionais. Os grandes donos de terra se moveram agressivamente na compra de falsos títulos de propriedade de terras públicas e na aquisição de enormes extensões de terra para o agronegócio ou como troca para algum possível empreendimento futuro. As pessoas que trabalhavam pelos direitos humanos e pelo direito dos assentados eram rotuladas como subversivas, e o governo as caçava. Militares treinados na Escola das Américas [o centro de treinamento do Panamá onde os soldados da América Latina aprendiam técnicas de combate aos insurgentes] torturavam líderes, membros dos sindicatos e os que trabalhavam para apoiá-los. A morte foi um preço que muitos pagaram por visionar uma sociedade justa. Todos que trabalhavam para os pobres eram chamados de comunistas. Dot foi chamada de comunista. Eles a seguiam, fotografavam, gravavam o que dizia e a ameaçavam de prisão."

"Oh, sim, éramos comunistas", diz Joan com um sorriso. "Estávamos sempre tendo problemas com a polícia. Éramos seguidas, vigiadas, acusadas de fornecer armas aos camponeses — éramos acusadas de tudo. Dot trabalhava com os adultos, e simplesmente mergulhou até o pescoço. Nós dizíamos: 'Dot, não faça isso, você vai se meter em confusão'. Mas ela não ligava. Ela era mesmo muito ingênua em várias coisas. Ela nunca entendeu por que pessoas de partidos políticos diferentes estavam prontas para a briga durante as campanhas eleitorais e sentavam-se para tomar uma cerveja juntas no dia em que os votos eram conferidos. Ela simplesmente não conseguia entender isso!

"Havia muita conversa sobre reforma agrária naquela época, e nós estudamos o assunto em profundidade para poder ensinar às pessoas da zona rural sobre isso. Naquela altura havíamos modificado nossa tática, então em vez de irmos aos vilarejos por um dia, íamos por dois ou três e fazíamos o que precisavam que fizéssemos. Preparávamos casais para o casamento, batismo e sacramentos, e também ensinávamos sobre reforma agrária e cidadania, direitos e responsabilidades. Explicávamos que eram pessoas dignas e que não tinham de viver como porcos em um chiqueiro.

"Em uma das pequenas comunidades, Santo Antônio, as pessoas se reuniram para construir uma escola. Uma construção simples feita de sobra de madeira, mas orgulhavam-se dela. Logo, o fazendeiro local enviou um caminhão com atiradores para a área e as fez derrubar a construção sob a mira de armas. Não apenas isso, mas cortaram a madeira em pequenos pedaços para não poderem usar novamente. Acho que os moradores do vilarejo sabiam que algo pairava no ar, porque, quando ouviram o caminhão chegar, enviaram seu líder para se esconder na floresta. A polícia veio junto, e prendeu vários homens, jogando-os na cadeia.

"Suas mulheres e crianças foram então para a cidade e alojamos todas na casa do padre. As pessoas de Coroatá se asseguraram de que haveria comida e rede para todos. E, quando a poeira baixou, peguei o jipe e fui buscar o líder. Eu o escondi no carro e o contrabandeei para nossa garagem, e, quando escureceu, nós o esgueiramos para dentro de casa. Nós o mantivemos no quarto dos fundos por vários dias, e a polícia nunca suspeitou de nada.

"Enquanto isso, os outros homens continuavam na cadeia, então Dot e os dois padres foram até lá ver o que se passava.

Este padre, um italiano alto, ficava andando do lado de fora da prisão, deixando o delegado tão nervoso que este lhe pediu que fosse saindo, e o padre lhe disse que não ia a lugar algum até que soltassem aqueles homens, porque não havia nenhuma razão neste mundo para mantê-los presos. E finalmente o delegado se irritou e disse: 'Olha aqui, meu amigo, se você não sair, vai para a cadeia também'.

"Então o padre disse: 'O.k.', e entrou, e o delegado o jogou em uma cela. Quando Dot soube disso, ela e o outro padre subiram no jipe e foram para São Luís na velocidade mais rápida que o velho carro podia andar. Àquela altura já estava escurecendo, e quando o prefeito percebeu o que o delegado acabara de fazer — naquela época jamais se prenderia um padre —, ele o apanhou e dirigiu feito um doido para a capital, mas Dot estava na dianteira e chegou primeiro a São Luís. Fora uma longa viagem, e quando ela chegou já era de madrugada. Ela foi direto ao bispo, apanhou-o, e foram todos juntos até o chefe da Polícia Militar. Quando o carro do prefeito chegou, estavam todos aguardando — o bispo, a Polícia Militar, a Polícia Civil, todos. E começaram a gritar com o delegado dizendo: 'Você volte agora mesmo, nem pare, retorne a Coroatá, e solte o padre da prisão'. O delegado então retornou e disse ao padre para dar o fora. Mas *ele* surpreendeu a todos. Olhou bem direto nos olhos de cada um e disse que não ia a parte alguma sem todos os outros presos. Eles então foram obrigados a soltar todo mundo e o delegado ficou furioso como uma vespa."

Com o passar do tempo, esse tipo de incidente começou a ser cada vez mais freqüente. "Este mesmo delegado tentou me prender uma vez porque as crianças pintaram as paredes", diz Joan com um grande sorriso no rosto. "Tínhamos eletricidade à noite das dezoito às vinte e duas horas, mas desta vez o prefeito tinha usado o combustível do gerador na sua fazenda, e as crianças ficaram sem aulas por dois ou três meses. Uma noite elas pintaram todos os prédios com desenho de lâmpadas e disseram: 'Queremos estudar — nos dê luz'. O chefe de polícia pensou que eu fosse a responsável por isso, o que naquela única vez não tinha sido — então recebi uma mensagem que dizia que eu seria presa por arruaça. Bem, eu disse: 'O.k., tudo bem. Deixe-me pegar minha rede e meus livros e você tem de me prometer que não vai me importunar para que eu possa descansar um pouco'. Ele ficou tão zangado que me amaldiçoou e me mandou para casa.

"É preciso compreender o contexto", continua Joan. "O golpe militar acontecera em 1964, antes de irmos para o Brasil. E de início não parecia tão ruim, exceto pela quantidade de polícia e militares por todo lugar. Mas, com o passar do tempo, as coisas começaram a esquentar. Castro tinha desafiado os Estados Unidos, e os políticos convenceram todos que estávamos à mercê do Perigo Vermelho. Então, é claro, o governo militar no Brasil estava sempre de sobreaviso contra os comunistas. Estavam aterrorizados de que o país pudesse ser desestabilizado pela incursão de guerrilhas, e havia alguns episódios isolados de guerrilha. O principal foi no estado vizinho, Goiás, na divisa do Pará. Muito longe de Coroatá, mas preocupou as autoridades. E havia alguns comunistas em Coroatá também, mas não eram guerrilheiros.

"Quando então começamos a andar por toda parte falando em construir comunidades e trabalhar juntos, naturalmente nos tornamos objeto de grande suspeita. Não apenas éramos estrangeiras, não apenas nos dizíamos freiras, mas éramos claramente sediciosas! Alguns padres foram presos porque a polícia confiscou algumas de suas folhas de canto, que dizia que Deus criara todas as pessoas iguais. Isto provava que éramos comunistas! Tínhamos de estar atentos o tempo todo, e algumas vezes, quando íamos para o campo, tinha uma árvore atravessada na estrada, e por isso carregávamos sempre um machado conosco, ou um facão. Eu trabalhava com o grupo de jovens e levava o carro para iluminar as reuniões com os faróis. E um carro estranho estava me seguindo, e ficava estacionado com as luzes apagadas, e me seguia de volta para casa. Estavam apenas tentando me intimidar. Uma vez saímos e a frente de nossa casa foi atingida por um tiro. Eles sabiam que não estávamos em casa. Foi apenas uma mensagem: 'Melhor tomarem cuidado'."

Naquele período o governo brasileiro estava dando passos para garantir seu controle sobre os vastos espaços vazios da Amazônia, encorajando o assentamento na região em larga escala. O modelo que escolheram baseava-se no assentamento do Oeste americano pelos fazendeiros e caubóis. Os projetos agrícolas seriam desenvolvidos por migrantes sem-terra do Nordeste e do extremo Sul, que se assentariam nos chamados projetos de colonização, enquanto as fazendas de gado seriam estabelecidas por indivíduos particulares, atraídos pelos generosos incentivos fiscais e a promessa de grandes extensões de terra. A ocupação da Amazônia era descrita como um esforço patriótico feito por pioneiros, sob o slogan "Homens sem terra para terra sem homens".

"Foi no início da década de 1970 que o governo lançou uma propaganda maciça encorajando as pessoas a se mudarem para a Amazônia, para assegurar as terras da nação", acrescenta Bobby. "Bem, como você pode imaginar, os pobres sem-terra viram nisso uma resposta às suas orações. Podiam se tornar proprietários de terra e de fato ganharem o título de seu pedaço de terra. Então chegaram vindo de toda parte do Brasil, e começaram a limpar a terra e a iniciar uma vida nova."

Para os camponeses do Maranhão, foi um sonho que se tornava realidade. Trabalhavam como colonos nas fazendas, e muitos tinham migrado do sertão nordestino. Então pegaram família e bagagem e partiram para a floresta. Mais tarde as irmãs decidiram que uma delas deveria se mudar para lá para apoiar os camponeses. Bobby sumariza o sentimento delas: "O que era importante para nós era cuidar das pessoas — ajudá-las a ganhar novas habilidades e a desenvolver talentos inatos para que pudessem lidar melhor com suas batalhas". Ao discutirem sobre a nova situação, Dorothy disse a Bobby que achava que a comunidade de Coroatá podia agora se defender. Ela sentia que tinha dado ali tudo o que tinha para dar, e quando viu cada vez mais pessoas partindo para tentar a sorte na nova terra, seu coração lhe disse que fizesse as malas e as seguisse.

SETE

"Homens sem terra para terra sem homens"

Por séculos os habitantes dos estados do Nordeste tinham perseverado em suas empoeiradas terras atingidas pela seca, onde os espinhos e os cactos cresciam tão densamente que os sertanejos tinham de usar calças de couro para conduzir seu gado. Eram pessoas místicas, fortemente independentes, com o rosto queimado pelo sol impiedoso, mas que amavam sua terra, e, apesar dos anos corroídos pela fome, sobreviviam comendo carne-de-sol, feijão e farinha de mandioca enquanto esperavam pela chuva. Era uma terra de fora-da-lei, santos e profetas, e no início da década de 1900 surgiu um profeta chamado Padre Cícero, de quem as pessoas ainda falam. Ele lhes disse que podiam escapar da grande perseguição seguindo o pôr do sol até as margens do poderoso rio e a Bandeira Verde. Ele lhes disse que sofreriam tribulações, que o rio ferveria, que haveria uma enorme batalha entre os homens de capa verde e o povo de Deus, e que, depois de uma batalha amarga, o bem prevaleceria e as pessoas viveriam em paz.

E então começaram a migrar, um pequeno grupo aqui, um pequeno grupo ali, lembrando de seu profeta e respondendo ao seu chamado. Durante semanas fizeram sua jornada, a pé, carregando suas trouxas, seus cobertores e seus bebês. E quando chegaram às margens do rio Araguaia e olharam do outro lado, e viram a floresta verde que se estendia longe no horizonte, sabiam que tinham encontrado a Bandeira Verde: sua terra prometida.

Atravessaram o rio e se estabeleceram na floresta, cortando as árvores, deixando o sol entrar, criando pequenas clareiras para plantar mandioca, feijão e milho, e construindo casas primitivas de madeira, de pau-a-pique, com telhados feitos de sapé seco entrelaçado.

Isolados do grande mundo, viviam tranqüilos e aprendiam novas habilidades: como extrair borracha e coletar castanhas-do-pará, como pescar, como caçar na floresta. Aprenderam quais plantas eram boas para comer e quais eram medicinais, e de vez em quando encontravam barcos no rio e trocavam borracha por tecido, armas, um saco de sal. Enquanto isso, nas terras secas, outra geração se lembrou das promessas de seu profeta, e, quando o governo anunciou que havia terra para ser distribuída na região amazônica, as pessoas se lembraram do Padre Cícero e responderam ao seu chamado.

Havia outros grupos na floresta e ao longo da margem dos rios: tribos indígenas, descendentes de escravos fugitivos, comerciantes, famílias que tinham perambulado por ali ao longo dos anos e sobreviviam da caça e da pesca, colhendo látex das seringueiras que cresciam espalhadas na floresta, colhendo nozes e remédios da floresta, as drogas do sertão. Algumas dessas famílias enriqueceram e adquiriram o direito a grandes áreas de terra, e construíram pequenos povoados com igrejas e escolas, onde padres e freiras missionárias trabalhavam com saúde e educação e ensinavam sobre o Deus dos cristãos.

Conheça os lançamentos de livros da Editora Globo visitando o site:

www.globolivros.com.br

Cadastre-se e receba nosso boletim eletrônico mensal.

Um livro, um amigo.

EDITORA GLOBO

Estes eram pequenos povoados adormecidos, onde o estado tinha um papel muito pequeno. Não havia advogados ou juízes e, já na década de 1950, na cidade de Conceição do Araguaia, o bispo era considerado a autoridade suprema.

Mas em menos de uma década as coisas começaram a mudar muito rapidamente. Na nova e cintilante capital, Brasília, construída no planalto de Goiás, o governo embarcava em um amplo programa de desenvolvimento que visava ao despertar das vastas terras da Amazônia de seu longo sono secular. A construção de duas grandes rodovias era a ponta de lança do plano. A Belém–Brasília, que unia a nova capital federal ao rio Amazonas, e a Rodovia Transamazônica, que cortava a floresta amazônica de leste a oeste e estava destinada a levar as duas virtudes de ordem e progresso às terras indomadas. O governo abriu as rodovias na terra vermelha, cortando e queimando a floresta e abrindo caminho para ondas e mais ondas de migrantes, que vinham estabelecer fazendas de gado, cavar o solo da floresta buscando ouro e minerais, construir cidades e fábricas, estradas de ferro e represas. À medida que a nova fronteira avançava pela floresta, as pessoas chegavam aos milhares: foras-da-lei e aventureiros, pioneiros e prostitutas, os pobres e os poderosos. Vinham de Minas Gerais, São Paulo, Espírito Santo, Bahia, do sertão do Piauí e do Ceará, e dos estados vizinhos, Goiás e Maranhão, buscar fortuna na terra prometida.

O sistema de titularidade das terras era caótico, pois por séculos não tinha sido importante, já que a terra parecia sem-fim. Por anos os títulos tinham sido emitidos por municípios, pelos estados e pelo governo federal, e com freqüência títulos diferentes eram emitidos para a mesma terra. Havia também diferentes sistemas de uso da terra, pelos quais os indivíduos podiam ter um contrato com o governo para coletar borracha e castanhas-do-pará ou babaçu. Embora o governo tivesse prometido assentar colonos na terra, a demanda excedeu em muito sua habilidade para fazê-lo, e, quando os novos colonos chegaram, viram-se em terras de que não tinham título ou em meio a vários conflitos em torno de titularidade, terras que já estavam habitadas, ou mesmo terras que eram reclamadas pelos índios. Os espertos entre eles perceberam o sistema: tudo o que precisavam fazer era ir a um cartório público e reclamar um pedaço de terra, dar uma pequena soma de dinheiro, e a terra seria sua — independentemente de se havia ou não alguém morando nela.

A maioria das pessoas não sabia que era preciso ter um pedaço de papel para provar que a terra era delas, assim abriam clareiras na floresta, plantavam sua safra de subsistência e se achavam pessoas de sorte — até o dia em que um estranho aparecia dizendo-lhes que a terra pertencia a outra pessoa, que tinha os documentos para provar, e que deveriam embalar seus pertences e seguir adiante. Em tais casos, e em particular diante do fato de que o estranho reforçava sua demanda com a presença de um homem armado que trazia junto com ele, a ação mais inteligente era fazer a trouxa e ir em frente. Afinal, sempre havia mais terra.

Em Brasília, o governo se movia o mais rápido que podia para realizar seus planos ambiciosos com relação ao futuro da Amazônia. Em 1966, dois anos depois do golpe militar, foi criada uma autarquia chamada SUDAM (Superintendência de Desenvolvimento da Amazônia) para acelerar a colonização da Amazônia, financiando indivíduos e corporações, nacionais e transnacionais, estabelecendo empresas rurais de ampla escala, tipicamente madeireiras e fazendas de gado. As fazendas demandavam uma grande força de mão-de-obra, para cortar as árvores e plantar os pastos, e muitos dos migrantes se tornaram empregados das fazendas, algumas vezes vivendo sob um sistema de servidão por dívida que era parente da escravidão.

Foi nesse contexto de rápida migração, exploração e crescente violência que a Igreja católica se pôs a trabalhar inspirada pelo espírito do Vaticano II, para estabelecer comunidades de base e formar grupos para a educação de comunidade. Grupos de leigos se reuniam para estudar o Evangelho à luz de sua experiência diária, buscando relacionar os ensinamentos de Jesus às suas próprias realidades. Através da conexão entre as histórias da Bíblia e as suas próprias lutas, eram encorajados a descobrir como ler e se tornar conscientes das situações de justiça social, tais como o direito à água potável, assistência médica, educação e terra. Era uma forma de retirá-los do isolamento para que pudessem trabalhar juntos para mudar suas vidas.

Enquanto isso, alguns grupos pequenos chegaram sigilosamente à floresta ao longo do rio Araguaia, homens e mulheres que vieram do Sul com uma agenda muito diferente. Eles pertenciam ao partido comunista, e seu objetivo era estabelecer uma democracia popular. Em número pouco menor que cem, trabalhavam na terra, tinham habilidades no campo de saúde e se davam bem com as pessoas locais. Realizavam também manobras de treinamento armado sob a cobertura da floresta, e por muitos anos sua existência passou despercebida pelas autoridades. Mas por volta de 1972 seu disfarce foi descoberto, e o governo enviou o exército a toda a pressa para eliminá-los. Os soldados disseram aos moradores dos vilarejos que tais pessoas eram estrangeiros, guerrilheiros, criminosos, ladrões de banco, foras-da-lei e fugitivos da Justiça que estavam se escondendo e conspirando para entregar a terra para outros países e mudar a bandeira de verde para vermelho. Muitos moradores dos vilarejos, que vinham ajudando discretamente os comunistas, passaram para o lado do exército, treinados como guias da floresta, e ajudaram a caçar os guerrilheiros. Outros foram presos e espancados por estarem supostamente colaborando com o inimigo. À medida que as escaramuças se acaloravam, as pessoas se lembraram das palavras do Padre Cícero e viram o rio ferver e os militares em uniformes verdes lutando com os povos das florestas.

Nos últimos meses de 1974, as irmãs de Notre Dame foram convidadas pelo bispo de Marabá para vir trabalhar em sua prelazia, em uma pequena cidade chamada Abel Figueiredo, normalmente referida simplesmente como PA 70, depois que a estrada foi construída. Nessa fronteira violenta, Dorothy, a irmã Becky e uma série de seminaristas passavam a maior parte do tempo viajando para assentamentos isolados. Eles cobriam uma área enorme. A comunicação era difícil, as estradas com freqüência mal davam para passar, e tinham sorte se conseguiam voltar para sua pequena casa duas ou mesmo uma vez por semana.

"Dorothy não tinha paciência para ficar uma vez que as pessoas tinham resolvido seus problemas", diz padre Nello, que se lembra dela de Coroatá. "Ela estava sempre olhando pela fronteira. Havia todas aquelas pessoas indo em direção ao oeste e ela decidiu segui-las. Procurando uma terra nova, começando do zero. Elas não levavam nada. Nenhum dinheiro, nada. Construíam uma vida nova. Dorothy e Becky partiram para uma região em que não havia sequer um padre, e estabeleceram as comunidades de base e colocaram tudo no lugar."

Becky continua a história. "Quando ainda estávamos em Coroatá, Dorothy começava a olhar na direção do oeste. Ela era do tipo pioneiro, uma verdadeira mulher da fronteira. 'Este lugar está ficando muito estabelecido', ela dizia. 'Eu acho que é hora de seguir adiante.' Mas ela queria companhia, então me convidou para ir junto. Contou-me que havia índios na floresta, pois sabia quanto eu queria trabalhar com eles.

"Não poderia ser mais diferente do que o Maranhão. Era outro mundo. As pessoas ali tinham vindo de todo lugar — Pará, Espírito Santo, Goiás, Minas —, todos morando juntos em uma pequena cidade, todos com seus diferentes hábitos e origens, diferentes maneiras de ser brasileiro. Trabalhamos com o padre Mário, que vinha de Marabá, e mais tarde foi substituído pelo padre Maboni, que veio morar na paróquia. Ele era do Sul, portanto era diferente também. Era nossa função construir um tipo de comunidade com aqueles grupos que não confiavam uns nos outros — foi um desafio difícil, como pode imaginar. Não é de surpreender que algumas irmãs não tenham achado uma boa idéia nossa mudança para lá.

"Porém foi uma revelação para nós, e simplesmente adoramos as pessoas. Elas tinham um espírito impressionante — estavam determinadas a obter êxito, e, independentemente de quanto as coisas fossem difíceis, nunca perdiam a esperança.

Eram um tremendo suporte para nós quando tudo ficava árduo. E isso acontecia de diversos modos.

"Em primeiro lugar havia os invasores de terra — conhecidos por grileiros. Eles esperavam até que os migrantes tivessem limpado um pequeno lote de terra, e então chegavam e o reclamavam. Ameaçavam as pessoas, mostravam suas armas por todo lado, queimavam as casas dos assentados. Então reunimos todas as pequenas comunidades, documentamos tudo, redigimos ofícios e petições, e fizemos tudo o que pudemos para tornar pública a situação angustiosa dos assentados. Como Igreja assumimos nossa posição junto ao povo. Começamos a ensinar-lhes sobre seus direitos, ajudando a estabelecer um Sindicato dos Trabalhadores Rurais, alfabetizando.

"Tínhamos uma enorme área para cobrir. Nossa casa estava a meio do caminho para PA 70. Não havia nada ali — apenas alguns vilarejos ao longo da estrada e alguns assentamentos espalhados no interior.

"Claro que as pessoas iam para lá por causa da terra. Mas logo percebemos que havia mais. Elas se estabeleciam na terra e logo havia todo tipo de confusão. Nós pensamos: 'Esqueça disso — não se trata de obter terras, mas de conseguir permanecer nelas, e temos de mudar nossa tática'. Então, em 1976, criamos um centro de treinamento e mantínhamos reuniões todo fim de semana. Na primeira semana reuníamos os homens, depois as mulheres, e depois os jovens, e o quarto fim de semana era livre.

"Trabalhávamos com a Bíblia — novas maneiras de ler a Bíblia. As pessoas simplesmente adoravam. Não se cansavam disso. Éramos convidadas por toda parte nas comunidades rurais para alfabetizar, porque quando as pessoas aprendem a ler, nada as detêm. E o único livro que tinham era a Bíblia."

Em 1975 o exército tinha conseguido expulsar os guerrilheiros da região do Araguaia, mas os soldados continuavam a fazer ataques esporádicos na área da PA 70. Continuavam também a suspeitar enormemente das organizações que trabalhavam com as comunidades locais, a Igreja em particular. Qualquer tipo de trabalho comunitário era percebido com suspeita e hostilidade, e a repressão aumentava. Em julho daquele ano, e em resposta à situação que deteriorava, a Conferência Nacional dos Bispos estabeleceu a Comissão Pastoral da Terra (CPT), com o objetivo de apoiar as pessoas na luta pela sua terra. Líderes da Igreja e de comunidade logo compreenderam a necessidade de trabalharem juntos e começaram a associar as comunidades de base com a CPT recém-criada e o movimento educacional. Os militares reagiram rotulando agentes pastorais, padres, freiras e sindicalistas de comunistas.

"O lugar estava totalmente sob o domínio dos militares", explica Becky. "Cada vez que se pegava a balsa você era checado. Havia bloqueio de estrada em todo lugar. Foi uma época muito dura, e as pessoas andavam armadas. Não, nunca encorajamos nenhum tipo de luta armada. Nunca dizíamos 'você tem de fazer tal coisa, não deve fazer tal coisa', apenas dizíamos que deviam pensar nas conseqüências. E quando um dos líderes nos contou que as pessoas estavam se armando, fomos então ao coronel local para dizer que seria bom ele fazer algo a respeito. E ele fez.

"Não me lembro de um momento em que não houvesse tensão. Estávamos oferecendo um curso um fim de semana quando recebemos uma mensagem do bispo dizendo que éramos chamadas a Marabá para sermos interrogadas pelo exército cedo na manhã seguinte. E, em casa, tínhamos todo tipo de papéis que não seria bom o exército ver. Material perfeitamente inocente, exceto naquele contexto de paranóia. Então decidimos que Dot deveria correr para casa e cuidar disso, e ela embrulhou tudo e deu para um dos vizinhos, que enterrou em seu jardim. O que foi bom, já que mais tarde soubemos que alguém tinha examinado nossos pertences, embora não tivessem saqueado o local. Ao menos o deixaram limpo e em ordem!

"Fomos à sede dos militares, e me lembro de que o coronel veio nos encontrar falando um inglês perfeito. Ele aprendera seu ofício na Escola das Américas, onde os oficiais eram ensinados sobre a arte da guerrilha — entre outras coisas. Dot entrou primeiro, e eu fiquei sentada lendo um livro enquanto aguardava. Porém, quando fico nervosa, preciso ir ao banheiro, e não tinham um banheiro feminino, então tive de usar o masculino, que era todo aberto. Claro que tive um acompanhante! E o mais estranho era como constantemente nos ofereciam chocolate...

"Quando foi minha vez, me mostraram o dossiê que tinham sobre nós. Impecável. Cada papel, cada folha de cânticos. Eu estava mesmo impressionada! O bispo nos dissera: 'O que perguntarem a vocês, digam que eu disse que fizessem. Joguem a culpa em mim'. Bem, uma das coisas que eles atacaram foi a Declaração Universal dos Direitos Humanos. Nós a imprimimos e distribuímos, e fizemos um desenho de um grande conjunto de escalas com um fazendeiro de um lado e um bando de trabalhadores do outro. Eles não gostaram nem um pouco disso e queriam saber de onde tínhamos tirado aquela idéia. Eu não tinha idéia do que ia dizer, mas, sabe? As palavras nos vieram, exatamente como é dito na Bíblia. A conversa começou bem e, quando chegou à parte difícil, o coronel foi interrompido por alguém e o assunto mudou."

Com a intensificação da repressão, as irmãs tomaram consciência de que havia outros que se alinhavam com a causa. "Tínhamos notícias do Brasil por um rádio de ondas curtas via Tirana, Albânia", acrescenta Becky. "E sabíamos que havia diversos grupos de pessoas na mesma freqüência de onda que nós. Mas nunca soubemos quem eram. Quanto menos soubéssemos, melhor."

Padre Roberto, um padre francês da prelazia, foi preso e espancado. Seus colegas padre Humberto e irmã Maria das Graças foram acusados de serem guerrilheiros. Dois outros padres franceses e irmãs de São Domingos foram expulsos da região. Três jovens leigos trabalhadores do Rio de Janeiro foram presos e tiveram de ser retirados. A igreja em São Geraldo foi fechada, e alguns dos paroquianos estavam tão assustados que queimaram seus livros religiosos e até suas bíblias. Correu a notícia de que as irmãs estavam encabeçando um grande movimento de subversivos, baseado em Marabá, e o medo se espalhou rapidamente pelas comunidades.

Um conflito violento explodiu na paróquia vizinha entre um grupo de assentados e um fazendeiro americano, que reclamava a terra deles. Em um clima de tensão crescente, trinta assentados foram presos e mantidos detidos sem julgamento, e o padre da paróquia foi expulso. O bispo pediu ao padre Maboni para entregar uma carta de apoio aos assentados. O padre era politicamente conservador e tinha com freqüência se chocado contra Dot e Becky com respeito à sua posição política; estava para transferir a prelazia. Mas, depois de uma luta entre os assentados e a polícia que resultou em várias mortes, ele foi preso por algumas semanas. Sob tortura, ele alegou que alguns de seus colegas na Igreja eram subversivos, e foi espancado tão severamente que não pôde continuar trabalhando. Quando as irmãs o visitaram no hospital onde se recuperava, ele chorou ao contar a forma terrível como fora traído pelo sistema político no qual confiara.

Em sua ausência, as irmãs se viram assumindo suas responsabilidades — conduzindo batismos e casamentos, dando comunhão, extrema-unção aos doentes e moribundos, oferecendo coragem e conforto nos dias de escuridão. Mas o pior estava por vir.

OITO

O BATISMO DE FOGO

O RITMO DA MIGRAÇÃO foi se acelerando, e, em 1977, uma nova estrada, PA 150, foi aberta para unir a principal rodovia Belém–Brasília à área industrial em crescente desenvolvimento nas redondezas de Carajás, no sul do Pará. Centenas de colonos continuavam a chegar à região, e no ano seguinte Dot sentiu que deveria seguir adiante novamente. Desta vez ela se estabeleceu em uma comunidade chamada Arraia (conhecida mais tarde como Jacundá), onde trabalhou com padre Paulinho, padre Humberto e um seminarista chamado Eduardo. Becky permaneceu em Abel Figueiredo com outro seminarista.

"Dorothy partiu sozinha para a PA 150", observou padre Nello. "Que coisa mais contraditória! Teria sido diferente se tivesse ido com Becky ou com um padre, mas esta era Dorothy. Obstinada. Ela tinha suas próprias idéias e não arredava pé."

"Era uma área maravilhosa de floresta virgem", lembra Becky. "Vínhamos pela estrada e nos sentíamos pequeninos diante das árvores majestosas. Não havia nada ali. Nenhum assentamento. Havia uma casa, que mais tarde se transformou em Jacundá. A estrada era inacreditável. Nosso pequeno fusquinha caía em buracos tão profundos que os homens tinham de levantá-lo e tirá-lo para fora. Mas se você olhar agora, você chora. A floresta desapareceu toda."

"A estrada era terrível", padre Paulinho concorda. "Não havia energia, posto de saúde, correio, banco — na verdade, não havia serviços públicos, nenhum tipo de infra-estrutura. A migração começou quando o governo iniciou os trabalhos na PA 150. Não tinham ainda acabado de abrir as clareiras quando os colonos começaram a chegar para começar suas novas vidas. A maioria veio do estado do Maranhão — forçados a partir por causa dos grandes senhores de terra, pessoas como a família Sarney. Vinham também do Ceará, Piauí, Pernambuco e norte de Minas. Mas não eram apenas os colonos. Outros começaram a chegar de Minas, Espírito Santo e Bahia, vindo por diferente razão — queriam se apossar de grandes áreas de terra. Alguns dos mais poderosos conseguiram um financiamento com a SUDAM, porém a maioria chegava com um dinheiro menor conseguido com a venda das terras em seu estado natal. Os pobres, é claro, chegavam sem nada.

"Nem o governo nem as companhias privadas tinham estabelecido projetos de colonização na área, e os únicos assentados eram os que tinham vindo por conta própria. As agências do governo chegaram mais tarde, para tentar desembaralhar a questão da titularidade da terra, que estava em um estado caótico. Os maiorais se resolviam através do expediente simples de subornar funcionários agrários, pegando mais e mais terras, e chamando a polícia para expulsar os assentados. Esses despejos eram extremamente violentos — casas e campos eram queimados, e os homens eram presos, torturados e jogados na cadeia.

"A 'paróquia' era enorme. Costumávamos nos locomover em transportes públicos sempre que possível, caminhões, cavalos, bicicletas e muito a pé. Nunca tivemos um veículo próprio de qualquer tipo. A prelazia de Marabá apoiava sempre, especialmente o bispo, dom Alano.

"O foco principal de Dorothy era educação", continua o padre Paulinho. "Não havia escolas, e a maioria dos adultos era analfabeta. Ela fazia tudo o que podia, criando reuniões para discutir quem gostaria de se tornar professor, fazendo a lista dos nomes para levar ao prefeito, e fazendo o possível para encontrar livros. Os professores normalmente não tinham passado da quarta série. Os assentados construíam as escolas, construções simples feitas de pau-a-pique com telhado de palha. Para eles, o importante era ter uma escola onde seus filhos pudessem aprender a ler e escrever. Estes foram dias heróicos — as pessoas realmente eram solidários. Havia muito pouco recurso de equipamento, e os professores recebiam praticamente nada, isso quando eram pagos."

Marga, a *ombudsman* de Belém, descreve uma visita que fez a Dorothy em Jacundá. "Ela morava em uma velha construção de madeira que pertencia ao Sindicato dos Trabalhadores Rurais. Dois quartos, e o telhado esburacado pingando como uma peneira. Todos os pertences de Dorothy ficavam empilhados em uma prateleira, cobertos com plástico — papéis, arquivos, caixas de documentos, uma muda de roupas. E não havia uma única porção de comida na casa. Olhei na cozinha e tudo o que encontrei foi uma dúzia de latas, das que se usam para estocar arroz e feijão. Estavam todas vazias, exceto uma, e nesta tinha um pouquinho de farinha de mandioca.

"Um dos assentados, Zé Pião, havia sido morto e tínhamos ido levar nosso apoio. Chegamos cobertos de poeira, tomamos um banho, penduramos nossas redes — lembro que tivemos de mudá-las de lugar várias vezes por causa das goteiras do telhado — e fizemos um pouco de chá. Dorothy então nos enviou a diferentes casas para comer alguma coisa. Comida simples — arroz e feijão, abóbora e um pouco de carne-seca. As famílias compartilhavam o pouco que tinham. Isto é solidariedade.

"No dia seguinte saímos cedo. Tinha chovido e estava tudo enlameado. Uma das tábuas estava faltando na caçamba do caminhão, por onde entrava lama sem parar. Fizemos o que podíamos pela família do Zé Pião, e então depois voltamos para a cidade. Quando chegamos eram três horas da tarde e estávamos famintos. Descemos do caminhão e confabulamos. Afinal, o que deveríamos fazer? Não havia nada para comer na casa. O mercado estava para fechar, mas felizmente conseguimos um pouco de mandioca e carne. Levamos para casa, cozinhamos, chamamos Dorothy e dissemos: 'Vamos comer'. E ela mergulhou na comida e começou a rir. E nos disse que não se lembrava da última vez em que tinha comido carne. Tinha esquecido do gosto.

"No dia seguinte tivemos uma celebração na igreja, e alguns dos fazendeiros envolvidos na morte do Zé Pião estavam lá. Dorothy foi então até eles e começou a conversar sobre o assunto, e eles lhe disseram diretamente que a igreja não era lugar para falar desses assuntos. Um do nosso grupo ponderou e lhes disse que a Bíblia constantemente fala em justiça. Fluindo como um rio, foi o que disse. Os fazendeiros não gostaram nada.

"Dorothy recusou-se a deixar que um desses fazendeiros fosse padrinho de uma das crianças. Disse-lhe que não se comportava de maneira cristã. Então, é claro, começou a fazer inimigos. Mas ela era muito querida na comunidade, principalmente entre os pobres. Ela andava na rua e todos corriam para falar com ela."

Padre Roberto trabalhava na mesma área. "Oh, sim, eu conheci Dorothy", ele diz. "Nós nunca trabalhamos na mesma paróquia, mas eu estava na mesma prelazia. Ela foi para Abel Figueiredo em 1974, e cinco anos mais tarde se mudou para Jacundá e se envolveu com conflito de terra. Certa vez emitiram um mandato para prendê-la, mas por sorte ela foi avisada a tempo de escapar. Eles abandonaram o assunto, mas a avisaram que se continuasse a se envolver na questão de terras iria se ver em maus lençóis.

"Era uma função difícil criar um espírito comunitário", ele continua. "Estávamos buscando maneiras de unir as pessoas — comunidades de base, associações comunitárias, Dia do Agricultor —, o tipo de coisas que os ajudaria a construir suas vidas, suas lutas e seus sonhos. Para os assentados era algo completamente novo, e adoravam, pois se sentiam apoiados. Podiam ir à casa de Dorothy ou do Paulinho sabendo que estavam seguros. Algumas vezes se esconderam ali quando a situação ficou mais complicada. Mas quem odiava aquilo eram os fazendeiros. Alguns não paravam diante de nada. Costumavam eliminar as pessoas. E os assentados também andavam armados. Era um conflito armado. Uma guerra, realmente.

"Nós não éramos nunca a favor da violência. Nossa função era ajudar os assentados a se organizarem em comunidades e a se filiarem aos sindicatos para que pudessem lutar por justiça, estradas, escolas, e seus direitos. Mas sempre via caminhos não violentos. Sim, muitas comunidades foram estabelecidas, mas com freqüência as pessoas desanimavam, e com toda a razão — não havia como eles pudessem agüentar nesse lugar. Sem estradas, sem chance de vender sua colheita, sem assistência médica — a malária era especialmente cruel — e ausência total de qualquer política governamental para apoiá-los. Muitos simplesmente venderam e mudaram para a cidade, voltaram para o lugar de onde vieram, ou tentaram a sorte nas minas de ouro.

"O exército tinha chegado a Marabá durante a década de 1970 para ajudar a construir a Rodovia Transamazônica e em especial para combater as guerrilhas. Sabíamos que éramos observados, mas nunca interferiam diretamente conosco. Mas a Polícia Militar, esta era outra história. Eram sempre visíveis e sempre violentos em relação aos assentados sobre a questão da terra. Éramos ameaçados, difamados na imprensa, e acusados de instigar as invasões de terra. Fui preso e tão espancado que tive de deixar a região por alguns meses até as coisas serenarem, e a irmã Dorothy teve de fazer a mesma coisa.

"Sempre soubemos que havia listas de pessoas marcadas para morrer", diz padre Paulinho. "Eram publicadas inclusive na imprensa nacional. Algumas das pessoas nestas listas tinham sido eliminadas — Paulo Fontelles, João Batista, Gringo, Gabriel Pimenta. E nossos nomes estavam na lista também."

"Padre Paulinho recebia ameaças de morte", diz padre Roberto. "Eles fizeram uma emboscada para pegá-lo certa vez, mas ele fugiu e foi para São Paulo para deixar as coisas esfriarem. Celebrei a missa de Natal substituindo-o, e peguei o Toyota da CPT. No caminho de volta havia uma árvore atravessada na estrada, e eu pude ver os homens armados na floresta. Mas eu estava limpo. Eles não estavam atrás de mim. Era uma época perigosa, mas os padres precisavam enfrentar, não é? E la estava a Dorothy, indo a reuniões com os colonos e ajudando-os a se organizar. Algumas vezes eu precisava acalmá-la porque ela falava demais. Ela os encorajava a resistir a todo custo. Eu dizia 'Calma, Dorothy, as pessoas podem entendê-la errado, não percebe?'. Ela era muito — bem...

"O lugar estava formigando de policiais. O exército estava sediado em Marabá, mais perto da área onde haviam as guerrilhas. Polícia por toda parte, olhando, olhando. Pessoas más. Terríveis. Muitos conflitos, muitas pessoas sendo mortas. Houve um massacre em Goianésia — eles mataram uma criança. Os pistoleiros cercavam os assentados, e um velho chegou carregando uma criança, eles atiraram no velho e mataram a criança também. O velho e a criança caíram mortos no mesmo instante. Eles simplesmente se aproximaram, colocaram a arma na cabeça do velho homem e a explodiram.

"Se você trabalhasse nessa região, era uma questão de matar ou de ser morto. Naqueles dias a fronteira tinha se movido, mas onde novas áreas são abertas, isto é o que acontece. De um lado você tem esses maiorais, especuladores, que querem a terra para poder vendê-la, e do outro lado os menores, que querem a terra apenas para sobreviver. Isto é tudo o que querem fazer — simplesmente encontrar uma maneira de continuarem vivos. É um permanente estado de conflito.

"Então lá está Dorothy, na década de 1970, face a face com essa situação. Ela tinha assumido sua posição junto aos pobres e conhecia os riscos. As pessoas não estavam organizadas — elas vinham de todo lugar, e ninguém confiava em ninguém. Mas confiavam na Igreja — era o foco de resistência. Juntos organizaram o Dia do Agricultor, 25 de julho. Foi um grande dia de festa, muitos estandartes, lindo de ver. O poder do povo, pessoas trabalhando juntas para ganhar um pedaço de terra. Trabalhando uns com os outros, com a Igreja e com o sindicato.

"A terra era fértil? Bem, não. Nosso solo não é muito bom. Eles plantavam grama e depois de uns anos amarelava. Há uma camada de solo arável, mas sob esta é só areia. E quando cortavam a floresta havia apenas areia, grandes pedaços arenosos nos pastos. Naquela época tudo o que faziam era abrir clareira e queimar. Os assentados então nunca conseguiam ganhar o que precisavam. Eles capinavam o solo, cortavam a floresta, a queimavam, faziam uma pequena clareira, queimavam novamente e plantavam. Se você tem uma área grande, talvez uns cem hectares, você consegue. Pode plantar seu arroz e feijão. Mas, se cultivasse a mesma área ano após ano, tudo o que conseguiria seria areia. A menos que usasse muito fertilizante, e pequenos agricultores não têm dinheiro para isso.

"O lugar foi civilizado com o passar do tempo? Bem, talvez. Mas não está bom também agora, porque os assentados se mudaram e depois começaram a vender. No final o que você tem na região são grandes fazendas. Os assentados partiram porque não havia apoio para eles. Com derrubada e queimada não há estrutura, nem estabilidade, nem respeito pela floresta. Esse tipo de agricultura não é sustentável. Mas é tudo o que sabem fazer. E, quando o solo se desgasta, tudo o que sabem fazer é plantar pasto. Mas não tem como criar gado. Precisam de cercas e não podem bancar, então vendem e seguem adiante. Esta questão da reforma agrária — pode mantê-los vivos, mas não há futuro nisso. O governo não está interessado em colonos. Só se interessa por soja, madeira, fazenda de gado. Ninguém se importa com os colonos. Ninguém. Exceto o movimento dos sem-terra."

À medida que Dorothy se envolvia mais e mais, ficou muito claro tanto para ela quanto para suas colegas que, se não tomasse cuidado com a maneira como estava agindo, se veria com sérios problemas. Ela tinha reparado também, com preocupação crescente, que entre eles os agricultores, grandes e pequenos, tinham conseguido destruir a floresta e destruir seu próprio meio de sustento. Tinha de haver uma maneira melhor. Então, em 1982, com as bênçãos do bispo de Marabá, ela viajou pela Rodovia Transamazônica para o rio Altamira, apresentou-se ao bispo, dom Erwin, e lhe disse que queria trabalhar com os mais pobres dos pobres. Ela tinha 51 anos e, antes de partir, confidenciou com Becky que, embora fosse uma nômade de coração, ela sentia que esta seria sua última mudança.

NOVE

A Rodovia Transamazônica

EM UM DIA ÚMIDO DE OUTUBRO DE 1970, o presidente do Brasil, general Médici, e sua delegação chegaram a Altamira para marcar o início de um glorioso futuro: integrar a Amazônia com o resto do Brasil através da construção da Rodovia Transamazônica, com quase 3 mil quilômetros, conhecida também como a Transamazônica. Com o lema "A Amazônia é nossa", a rodovia foi designada para integrar a imensa e esquecida região com o resto do Brasil, trazendo ordem e progresso, indústria e agricultura, e tornando disponível a terra sem homens para os homens sem terra. Tudo à custa das dispersas populações indígenas, dos ribeirinhos, dos seringueiros, mineradores de ouro e colonos pioneiros.

A imprensa brasileira saudou com alarde esta grande ocasião. "O general Médici presidiu ontem no município de Altamira, no estado do Pará, a cerimônia de inauguração da Rodovia Transamazônica", proclamou a *Folha de S.Paulo*, "destinada a cruzar a Amazônia de leste a oeste, em uma distância de mais de 3 mil quilômetros, ligando esta região ao Nordeste. O presidente, muito comovido, observou uma árvore de 45 metros de altura ser derrubada ao longo da linha da futura rodovia, e então desvendou uma placa comemorativa fixada no tronco desta mesma árvore e onde estavam escritas as seguintes palavras: 'Aqui, nas margens do rio Xingu, no coração da selva amazônica, o presidente da República comemorou o primeiro passo na direção da construção da Rodovia Transamazônica, um avanço histórico na conquista desta gigante floresta vicejante'."

Dois anos depois o presidente retornou para inaugurar o primeiro trecho da rodovia. "Retornando às margens históricas do rio Xingu, onde ele supervisionou os primeiros passos na construção da imensa rodovia que vai unir o país, o presidente Emílio Garrastazu Médici inaugurou hoje o primeiro trecho da Transamazônica entre os rios Tocantins e Tapajós, personificando a determinação do povo brasileiro para construir uma grande e vigorosa nação."

O objetivo era povoar a região realocando população excedente do extremo Sul e do sertão seco do Nordeste, para atrair investimento e criar infra-estrutura, e provar ao mundo que tanto a Amazônia quanto seus imensos recursos mineral, biológico e hídrico estavam em terras brasileiras e não estavam à disposição para serem arrebatados pela comunidade internacional.

Nos distantes escritórios de Brasília, os planejadores delineavam uma linha direta unindo Altamira a Itaituba, no oeste, e traçavam uma série de estradas menores — conhecidas como travessões, ou estradas transversais — para dar acesso à terra no interior. Quinhentas famílias estavam estabelecidas em lotes de cem hectares, assentamentos com escolas, posto de saúde e postos comerciais foram construídos, e, enquanto esperavam pela primeira colheita, cada família recebeu um salário mínimo mensal (cerca de sessenta dólares). Eram encorajados a plantar cultura de subsistência (arroz, feijão e milho), assim como banana, cana-de-açúcar, árvores frutíferas, café e cacau. O projeto parecia ótimo no papel, mas na prática o solo tropical era logo exaurido, as estradas ficavam intransitáveis com as chuvas, os assentados não tinham como vender o excedente, e quando, no início da década de 1980, os créditos do governo para pequenos proprietários foram interrompidos, muitos deles simplesmente desistiram e se mudaram.

Apesar das alegações estravagantes feitas pelo governo, a falta de supervisão era tal que apenas dez anos depois, em 1982, o secretário de Segurança Pública do Estado do Pará enviou uma mensagem ao ministro da Justiça descrevendo a situação da terra como completamente fora de controle. Ele falava de invasões por todo lado; roubo em grande quantidade de madeira, grupos de assentados desesperadamente pobres, sem acesso às estradas, escolas, assistência médica; terras indígenas sem demarcação; a força policial totalmente sem recursos; e um sistema jurídico incapaz de funcionar.

As terras na Transamazônica Leste, a estrada de Altamira para Marabá, foram designadas não para a colonização de pequenos proprietários, e sim para grandes fazendas de 3 mil hectares. Os contratos do governo davam o título de propriedade da terra depois de cinco anos em que projetos de agricultura ou criação de gado fossem estabelecidos. Fracasso nessa empreitada significava que a terra seria revertida ao governo federal, mas na prática isso nunca foi cumprido, e o fluxo contínuo de recém-chegados continuava a desafiar a lama e a malária para se estabelecerem onde pudessem, com freqüência em terras licenciadas a proprietários ausentes. Em 1995 novas linhas de crédito para pequeno proprietário foram abertas, e o índice de migração se elevou com pessoas fluindo para a região mais uma vez.

Com a chegada dos migrantes nos travessões, muitos dos concessionários originais de repente se lembraram de suas reivindicação de terras remotas havia muito abandonadas, e, pressentindo a possibilidade de grande aumento no valor das propriedades, planejaram reocupar a terra, extrair madeira e estabelecer fazendas que tinham sido projetadas vinte anos antes.

Por décadas a luta pela terra se seguiu aos avanços da fronteira agrícola em direção ao oeste para as terras virgens da Amazônia. A primeira área de conflito, na década de 1960, foi em torno de Paragominas, na rodovia Belém–Brasília, justo ao sul de Belém. Na década de 1970 os conflitos tinham se mudado ao oeste, para a PA 150, perto de Jacundá, onde Dorothy estava trabalhando. Uma década mais tarde o foco estava no sul do Pará, entre Marabá e Santana; na década de 1990, sudoeste até São Félix, do Xingu; e, nos primeiros anos do novo século, exatamente a oeste, ao longo da Transamazônica, na Terra do Meio, entre os rios Xingu e Tapajós e descendo a BR 163, que liga Santarém a Cuiabá, em Mato Grosso. Mais uma vez Dorothy iria se encontrar no olho do furacão ao mudar-se para esta área e começar a trabalhar com os assentados sem-terra da Transamazônica.

Dom Erwin, bispo do Xingu, conta a história de Dorothy. Nascido na Áustria, sucedeu ao seu tio, o bispo anterior, no início da década de 1960. Ele conhece sua enorme prelazia bastante bem, é um valente defensor de direitos humanos e fala um português perfeito.

"Que mulher extraordinária era Dorothy", ele diz. "Uma entre muitas nestas paragens. E, acredite-me, eu conheço muito bem a região do Xingu. Estou aqui há quarenta anos, e sou bispo há vinte e cinco anos. Poderia escrever um livro sobre as mulheres do Xingu. E uma delas seria Dorothy.

"Não nego que ela era um pouco samaritana, mas no fundo era mais como um profeta. Os profetas são aqueles que expressam a vontade de Deus — o desejo mais profundo de Deus. O profeta não tem uma voz própria. O profeta é o porta-voz. Ele fala por Deus. Ela sentia que esta era a sua missão, sentia-se chamada para fazer isto. Então, quando pensamos sobre Dorothy, é por aí que começamos.

"Conheci Dorothy em 1982. Ela chegou sozinha a Altamira. Disse-me que viera de Marabá, imaginei que tivesse havido problemas por lá, alguma coisa ligada à terra. Nunca soube o que foi. Ela trabalhava com os assentados e os donos de terra não gostavam dela. Não sei se a Igreja a apoiou — nunca esclareci isto, nunca perguntei ao bispo ou a outra pessoa. Ela não me disse, eu não perguntei.

"Ela apareceu em Altamira. Disse que se chamava Dorothy Stang, que era americana de Ohio, uma irmã da Notre Dame de Namur, e queria trabalhar no Xingu com os mais pobres dos pobres. Queria oferecer sua vida para as pessoas que vivem na pobreza mais abjeta. Então eu disse: 'Tudo bem, Dorothy, se está buscando os mais pobres entre os pobres, você precisará ir até a Transamazônica Leste. Lá é o fim do mundo. É terrível. As pessoas não têm sequer onde cair mortas'. Ela concordou e partiu.

"Devo confessar que tive minhas dúvidas. Não sobre ela como pessoa, mas da maneira como chegou. De forma geral, não é a freira em si que diz aonde quer ir. Em geral, a Congregação entra em contato, e há todo tipo de procedimentos burocráticos para seguir. Bem, nada parecido aconteceu. Nunca me escreveram e eu nunca entrei em contato com eles.

"Ela começou a trabalhar no quilômetro 96, em um lugar chamado Nazaré. Morava em uma casa de pau-a-pique que pertencia a um dos assentados. De vez em quando havia alguém trabalhando com ela, mas nunca havia um acordo formal — nunca estabeleceram um convento ou algo assim. Ela era sempre muito independente, nunca muito de trabalho em equipe. Ela era o time! Ela tinha suas próprias idéias, sua própria visão, e agia de acordo. Algumas vezes eu dizia a ela: 'Olhe, Dorothy, eu gostaria que você trabalhasse mais próximo dos seus colegas, de uma forma mais cooperativa'. E ela prometia sempre que iria fazer isso. Ela não se opunha a fazê-lo, ela simplesmente não conseguia fazê-lo. Não era seu estilo.

"Muitas famílias estavam chegando naquela época. Elas vinham de todo lugar do país, e ela sentia que era seu trabalho fazê-los trabalhar juntos a ponto de poderem criar associações, cooperativas etc. Ela lhes conseguiu, inclusive, um caminhão, mas não funcionou! Ela nunca cobrava nada — todos queriam usá-lo, mas ninguém queria pagar por isso. Então, é claro, não deu em nada.

"As pessoas a adoravam. Se qualquer decisão precisasse ser tomada, eles sempre diziam 'vamos perguntar à irmã Dorothy'. Era como se ela fosse a Rainha Mãe, a salvadora da pátria. Ela conseguia trabalho para as pessoas, ajudava-as na questão da terra. Estabeleceu uma fábrica de processamento de frutas. E trabalhava arduamente pelas mulheres. Elas eram consideradas inferiores. E se fossem negras ou indígenas, era ainda pior. Ela tinha realmente compaixão por elas — ela as ajudava a recuperar seu valor. Esta foi uma das grandes coisas que fez em Nazaré.

"É engraçado, realmente — as pessoas falam dela como se fosse uma santa. Ela não era santa. Ela podia ser muito difícil, sabe. Teimosa feito uma mula. Uma vez que tomasse uma decisão, não oscilava um milímetro. Não que eu gastasse saliva argumentando com ela. Quando ela estava sendo especialmente obstinada, eu dizia 'Deus do céu, Dorothy, seja sensata!'.

"Mas sabe? Ela nunca deixava de sorrir. Ela apenas seguia em frente, fazia o que achava certo, e nunca hesitava. Eles nunca a sujeitaram. Eu nunca tive dificuldade com ela, pessoalmente. Ela se hospedava na minha casa, e nos últimos dias seu quarto era ao lado do meu. Ela era um membro da família — ela ia e vinha como queria, sabia onde as coisas estavam guardadas, comia conosco, embora preferisse comer na cozinha. Ela ia ao andar de cima, usava a sala de estar, usava o telefone. Algumas vezes cozinhava um prato favorito seu, e eu achava ótimo.

"Com relação à prelazia, ela não era livre das regras, embora algumas pessoas achassem que fosse. Ela valorizava nosso trabalho, sempre aparecia em nossas reuniões, fazia parte dos assuntos da prelazia com grande entusiasmo. Se eu lhe pedisse para fazer alguma coisa ou para se juntar a uma comissão, nunca recusava. Se ela não tivesse sido assassinada, ninguém a teria tirado do Xingu. Eu estava convencido de que ela ficaria aqui até morrer. Mas nunca imaginei sua morte como foi.

"Ela estava ficando famosa, não apenas na Transamazônica. Ela era amada por muitos. Mas era odiada também. As pessoas nas ruas falavam mal dela. Fofoca maliciosa, mesmo na televisão. Algumas vezes tinha de falar a seu favor, e eu dizia: 'Olhem, se estão acusando Dorothy de alguma coisa, eu quero ver a prova'. Eles a acusavam de armar os camponeses, e eu dizia que isto era um absurdo: 'Ela nem sabe de que lado segurar um rifle, imagine um revólver'. Eu lhes disse: 'Olhem, ela pode ter seu defeitos, como todos nós, mas ela nunca, nunca faria isto'.

"Ela simplesmente não podia aceitar a forma como viviam os pobres, e fez o que pôde para mudar as coisas. Ela ia a Belém, e, se não pudesse resolver as coisas ali, ela ia a Brasília antes mesmo de você se dar conta! Nada a segurava. Na verdade, ela conseguia o que queria com mais freqüência do que não. Com a Polícia Federal, por exemplo, e com a Procuradoria. E começou a ser reconhecida.

"Eu estava na Assembléia Legislativa quando ela recebeu aquele prêmio — Cidadã Honorária do Estado, eu acho. Ela não estava muito feliz com isso, porque outros estavam recebendo homenagens e ela não queria aparecer na mesma fotografia com algumas dessas pessoas que normalmente não falavam com ela. Isso a colocava bem na mira da opinião pública, e havia alguns entre os políticos que achavam que ela era uma freira estrangeira qualquer que se escondia em Anapu e trabalhava contra eles.

"Não sei ao certo se ela realmente entendia de política. Ela sabia com quem estava falando, e falava as coisas como eram. Ela não inventava ou exagerava. Ela se atinha aos fatos e dava sua interpretação. E a maioria das pessoas achava maravilhoso.

"Ela era uma mulher atraente, sabe. Não linda, mas ela era atraente, cativante. Maneiras gentis. Falava com suavidade.

Sua voz era tão tranqüila que algumas vezes eu ficava ouvindo-a falar e tinha de me beliscar para ficar acordado. Ela tinha um jeito à vontade, muito relaxado. Ela vinha à minha casa, sentava na cozinha, fazia perguntas, contava piadas, sorria. Todo o tempo conversando naquele português mal falado dela — toda a sua vida misturou o masculino e o feminino. Era motivo constante de riso. Ela nunca aprendeu a falar o idioma direito.

"Ela tratava todos igualmente. Chamava-os pelo nome, quem quer que fosse. E esta foi sua queda. Ela disse a todos quem eram os invasores, onde viviam. E, é claro, eles a odiavam por isso. Eu os ouvi declarar isso. Eles conversavam comigo e eu lhes dizia: 'Ouçam, se vocês são donos legítimos das terras que estão ocupando, terão de prová-lo. Mostre-me o título da terra. O verdadeiro, não um documento falso qualquer. E se puderem provar que são os donos legítimos da terra, eu serei o primeiro a defendê-los. Não irei contra evidências, contra a lei ou a Constituição. Não sou contra a lei. Este país se rege pelas normas da lei, e como cidadão é meu dever defender a Constituição Federal'. Mas até hoje não vi nenhuma prova. E Dorothy está morta.

"Estas acusações contra ela — não aconteceram só uma vez. Há uma máfia de pessoas por aqui que age no escuro, quietos, na calada da noite. Não posso provar, mas todos comentam que os fazendeiros se reuniram em um hotel em Altamira no início de 2005 para tramar o assassinato de Dorothy. E, quando a notícia chega às ruas, as pessoas exageram, mas não inventam. Ninguém até hoje investigou essa reunião para saber quem estava lá tramando no meio da noite.

"Então, do que se tratava afinal aquele projeto sustentável? Eu o entendo como uma tentativa, modesta, de o governo fazer uma nova reforma agrária na Transamazônica. As pessoas por quem Dorothy estava lutando eram sua gente, e ela era deles. Ela não era seu patrão, eles a consideravam uma irmã mais velha. Ela era uma matriarca. Eu costumava rir porque ela os chamava de 'meu povo'. Ela se identificava com eles de corpo e alma. Esses projetos sustentáveis dela eram um passo importante. Mas eram um tapa no rosto dos ricos e gananciosos — e por isso foram atrás dela. Ela nunca desistiu — ela tinha certeza de que o governo a apoiaria. Podemos dizer que ela foi uma mártir da reforma agrária, porque ela lutou com unhas e dentes pelo que o governo queria. E agora que o processo finalmente deslanchou, ela se foi."

O irmão Jerônimo lembra vividamente daqueles dias. "Eu a encontrei em 1982", ele diz, "durante a assembléia diocesana no Xingu. Eu tinha ouvido falar desta americana que circulava pelas estradas secundárias em uma lambreta. Quando chovia muito forte, ou não conseguia passar, ela deixava a lambreta na casa mais próxima e seguia a pé. Ela raramente viajava de ônibus porque não tinha dinheiro para a passagem. Se ela precisasse percorrer grandes distâncias, ela pedia carona em cima de um caminhão. Uma vez percorreu mil e quinhentos quilômetros de carona em um caminhão. Onde os pobres precisassem de ajuda, lá ela estaria. Ela extraía sua força da Bíblia e do Livro de Horas. Em suas viagens ela insistia em dormir nas capelas à beira da estrada, abrigos simples feitos de pau-a-pique com telhado de sapé. Ela dava aconselhamento aos colonos, vivia com eles, comia o pouco que tinham para lhe oferecer, mas era sempre sensível à escassez de recursos deles.

Ela costumava organizar reuniões, ajudá-los a trabalhar juntos, a demarcar suas terras, e obter escrituras. Por lei tinham direito a um lote de cem hectares a cinqüenta quilômetros de distância da rodovia, ou a duzentos e cinqüenta se vivessem mais longe.

"Mas já naquela época ela recebia ameaças de morte dos invasores e dos fazendeiros da região. Eu me recordo de uma vez, quando ela trabalhava com os assentados para impedir que suas árvores fossem cortadas, houve uma emboscada, e sobreviveram apenas porque se abrigaram atrás de um caminhão. Naqueles dias Pacajá e Anapu eram conhecidas por abrigar foras-da-lei e fugitivos de Marabá, Tocantins ou Maranhão. Eles costumavam transformar a vida dos assentados em um inferno. A Transamazônica Leste era mais esparsamente povoada do que a região oeste — os solos eram pobres e a área era infestada pela malária, principalmente pela malária cerebral. A Secretaria de Saúde do governo simplesmente não conseguia dar conta, e as pessoas gastavam o pouco que tinham em medicamentos ou viajando até o hospital de Altamira. Poucos aceitavam trabalhar na região e Dorothy contraía malária todo o tempo.

"Meu trabalho consistia em estabelecer escolas e treinar professores ao longo dos quatrocentos e setenta mil quilômetros quadrados da prelazia. Conseguimos arrecadar o dinheiro para construir uns dois centros de treinamento de professores, e Dorothy assumiu a função de ajudar a identificar os candidatos. Ela logo percebeu a dificuldade de os estudantes viajarem longas distâncias e ficarem longe de suas famílias por períodos de tempo prolongado. Eles não conseguiam, e a taxa de desistência era alta; ela então insistiu para que abríssemos outro centro de treinamento para a Transamazônica Leste, para servir a área de Anapu a Pacajá. Desta maneira os professores podiam visitar suas famílias com mais freqüência e isso dava forças a eles para continuar.

"Ela reuniu as famílias e convidou um de seus sobrinhos, dos Estados Unidos, para vir dar uma ajuda. Ele era engenheiro e se prontificou a construir o centro de treinamento. Eles o construíram com lama, palha e pau-a-pique, e o batizaram de Centro de Nazaré.

"Então, em 1984, antes de a construção ser concluída, iniciamos nosso primeiro curso de treinamento, com quarenta e uma mulheres e nove homens, a maioria tendo sido selecionada pela irmã Dorothy. O curso era oferecido em dois módulos, um em janeiro e fevereiro e o outro em julho. Durante o resto do ano os prédios eram usados para treinamento de liderança, reuniões de sindicatos, retiros e reunião de assentados. Eu costumava passar boa parte do meu tempo viajando pela Transamazônica supervisionando os cursos, e em muitas noites Dorothy e eu sentávamos juntos conversando sobre mil assuntos, desde proteção ambiental a desenvolvimento sustentável, saúde, a todas as formas que podíamos pensar de como ajudar a melhorar a vida das pessoas."

Dois amigos de Dorothy do interior compartilham suas lembranças desse período mais antigo. "Dorothy chegou aqui em 1983", diz Isa, uma das líderes da comunidade local, uma mulher forte com uma atitude direta. "O governo acabara de nos jogar na Transamazônica, como um rebanho de gado. Fomos deixados ali para lidar com aquilo. Não havia escola, nada. O governo não estava interessado nas pessoas comuns. Dorothy chegou e começou a trabalhar com a comunidade, iniciando por Nazaré. Ela nos encorajou a trabalhar junto e conseguiu nos arrumar um treinamento para professor. Havia apenas uma escola, apenas as primeiras séries. Mais tarde ela foi para Belém e lhes disse que precisávamos de um ginasial. E estabelecemos escolas no interior. Eu me lembro que nós, professoras, ficamos certa vez seis meses sem receber pagamento. Mas não desistimos. E era Dorothy quem costumava ir a Belém buscar nosso dinheiro.

"E então começamos a lutar pela terra. Esta seção da Transamazônica não estava destinada a pequenos proprietários. Era para fazendas de gado. Bem, nós circulávamos estabelecendo comunidades de base e falando sobre nossas necessidades. Criamos a Associação Pioneira e começamos a pedir por tudo — terra, estradas, escola, postos de saúde. E então criamos a Associação das Mulheres.

"Abrimos pequenas lojas e com o lucro que fizemos abrimos outras. Começamos com duas galinhas, e depois compramos porcos e finalmente uma novilha. Naqueles dias era realmente muito difícil chegar a Altamira. As estradas eram terríveis. Então vendíamos óleo de cozinha, um pouco de arroz e assim abrimos um armazém, para que as pessoas não precisassem ir até Altamira fazer compras. Tínhamos um caminhão que trazia mercadoria para revender. A idéia não era lucrar — nós investíamos o dinheiro de volta no armazém. Isso durou alguns anos, mas houve então a inflação e perdemos o controle. Decidimos vender e construir uma fábrica de processamento de frutas.

"Foi tudo graças à irmã Dorothy. Ela lutou por nós com unhas e dentes — fez greve de fome, dormiu na calçada em Brasília, nunca desistiu. Se não fosse por ela, não teríamos nada aqui. Ela estava sempre cuidando de nós. E o que ela nos deixou foi o legado de saber como trabalhar juntos e compartilhar as coisas."

Rosária concorda, com seus olhos verdes brilhando. "Dorothy era uma tocha acesa para nós. Quando chegamos à Transamazônica, era o fim do mundo. A Igreja, o estado, todos tinham nos abandonado. E Dorothy era como uma luz para nós. Percebemos que era possível afinal viver na Amazônia. Começamos a trabalhar juntos. Aprendemos a amar a floresta. Percebemos que nós, mulheres, tínhamos de fazer face ao desafio e criamos a Associação das Mulheres. Os homens eram muito machistas, então nós começamos a ir às reuniões e a falar sobre saúde, política, educação, medicina alternativa. Nós tínhamos apenas sete escolas e conseguimos criar mais vinte e três! Nos unimos para construir as escolas, e Dorothy achou os professores.

"E lutávamos pela terra, começamos a pensar em cultivar a terra de maneira mais sustentável. As famílias continuavam a chegar, e continuamos a nos organizar. Hoje posso sentir a presença dela forte entre nós. Estamos trabalhando neste momento exatamente como ela costumava trabalhar. Muitos jovens estão se juntando à luta — discípulos de Dorothy.

"Há ainda todo tipo de problemas — luta pela terra, pelas estradas. Mas tenho muita esperança de que as coisas melhorem. Estamos nos fortalecendo todo o tempo."

DEZ

A VIDA NA TRANSAMAZÔNICA

DE 1978 A 1985, O PADRE LUCAS foi encarregado das comunidades remotas espalhadas pela Transamazônica Leste. Um mês ele visitava os assentamentos distantes no interior, e no mês seguinte trazia algumas das pessoas para o pequeno assentamento do Centro de Nazaré, que ele fundou em 1980. "Consistia de um dormitório, um local de reunião, e uma pequena casa que mais tarde se tornou a casa da irmã. Construíamos tudo de madeira, serradas à mão, e a única coisa que precisávamos comprar eram os pregos", ele recorda. Viajar era penosamente cansativo — as estradas eram empoeiradas na estação da seca e cobertas por uma lama pegajosa durante as chuvas —, mas ele perseverou, e em 1982 recebeu a companhia da irmã Dorothy. "Era o oeste selvagem naqueles dias", ele diz rindo. "Muitos conflitos, muitas mortes. Eu trabalhava com as irmãs franciscanas, e nos considerávamos missionários, estabelecendo comunidades de base. Não nos envolvíamos com a luta de terras até Dorothy chegar. Ela abriu nossos olhos para o problema."

Quando Dorothy chegou a Nazaré, em 1982, o enorme município de Senador Porfírio consistia de 7.400 quilômetros quadrados, cinco vezes o tamanho do estado de Rhode Island.

Sua população era em torno de 8 mil pessoas. Ela pediu para trabalhar com os mais pobres dos pobres, e seu desejo foi satisfeito. E ela não tinha nenhuma ilusão com respeito à tarefa que lhe cabia. "Não podemos *falar* sobre os pobres", ela escreveu. "Temos de ser pobres com os pobres, e então não haverá dúvida de como agir."

A primeira coisa que ela fez foi se reunir com as pessoas para que pudessem entender do que mais precisavam. "Não havia nenhuma infra-estrutura", diz Geraldo, filho de uma das famílias assentadas, que mais tarde se tornou técnico de agricultura e trabalhou muito próximo a Dorothy. "Absolutamente nada. O fato é que a área não tinha sido jamais projetada para pequenas fazendas — foi estabelecida para corte e transporte de madeira e fazendas grandes. Então não havia escolas, ou postos de saúde, nenhum tipo de assistência do governo."

Naqueles dias Maria dos Santos (que mais tarde se tornou Irmã Maria) vivia com sua família no final de uma das estradas secundárias que cruzavam a Transamazônica como espinhas de peixe. "A primeira vez que Dorothy veio à nossa casa, corremos e nos escondemos", ela relembra rindo. "Meu pai estava convencido de que ela tinha vindo para tirar nossa terra. Nós não tínhamos nenhum título, nada parecido. Mas ela então disse que pretendia estabelecer uma comunidade de base e perguntou se gostaríamos de ajudar. Começamos então a conversar sobre o que precisávamos, e claro que a primeira coisa que todos queriam era uma escola."

O Centro de Nazaré está a cerca de trezentos quilômetros a oeste do violento sul do Pará onde Dorothy estivera trabalhando antes, mas a situação não era menos precária. Os assentados que estavam formigando na região, vindos de todo canto do país, mostravam-se muito desconfiados, não apenas do governo, mas uns dos outros. Eles precisavam trabalhar juntos e aprender a confiar uns nos outros. Não possuíam terras e tinham poucas habilidades além de sua coragem e força nos braços. Então se tornaram pedreiros, e no período de vinte e quatro anos construíram mais de cinqüenta escolas.

O plano que tinham era o de fortalecer suas comunidades por qualquer meio de que fossem capazes, para que pudessem reivindicar e manter a terra tornando-a produtiva. Em 1983 a equipe pastoral foi reforçada pela chegada da irmã Rita, e em julho daquele ano a comunidade celebrou seu primeiro Dia do Agricultor, que mais tarde se tornou o ponto alto do ano. As pessoas fluíam para lá vindas de assentamentos distantes, trazendo sacas de arroz e feijão, e cada grupo se apresentou, contou sua história e celebrou sua vida. Festivais, cursos sobre a Bíblia e reuniões de colonos proviam uma oportunidade rara para as pessoas se juntarem, trocarem informações, rirem, relaxarem, com jogos de voleibol para os jovens, brincadeiras para as crianças, e comida que era preparada e consumida por todos.

A primeira escola que construíram foi em uma comunidade chamada Pau Furado, e mal tinha sido terminada e já todas as comunidades queriam uma. Mas onde encontrariam os professores? Teriam de vir das comunidades locais, onde seria pouco provável ter alguém com pelo menos a quarta série. Esses professores precisariam ser treinados e era necessário um centro de treinamento. Como se em resposta às suas orações, o sobrinho de Dot, Richard, prometeu ajudar, e quando chegou dos Estados Unidos, em novembro de 1983, Dot o encarregou de construir o núcleo do futuro centro de treinamento: salas de aula, dormitórios, cozinha e capela. Uma fotografia desbotada datada de dezembro de 1983 mostra Dot orgulhosamente pregando uma placa dizendo CENTRO DE TREINAMENTO DE NAZARÉ. Dois meses depois, com a estrutura do centro no lugar, os primeiros professores chegaram para iniciar seus cursos.

Fotografias antigas, bastante danificadas pela umidade e por cupins, documentam a fundação da Associação Pioneira. Suas primeiras atividades incluíam instrução religiosa, educação, compra da primeira máquina de beneficiamento de arroz, já que o arroz limpo alcançava um preço maior. Fotografias de Dot mostram-na sob uma faixa que diz ASSOCIAÇÃO PIONEIRA DA TRANSAMAZÔNICA, distribuindo pequenas lousas, supervisionando uma primeira comunhão em que todas as crianças estão vestidas de branco, e dançando forró com um grande sorriso no rosto. Outras fotografias mostram um grupo de mulheres com uma faixa que diz MULHERES QUE SE ORGANIZAM FAZEM SUA HISTÓRIA; famílias posam em grupos ou descansam em redes; a primeira sala de aula; estudo da Bíblia na casa das irmãs; um caminhão ostentando uma faixa pela reforma agrária; Dot vestindo uma camiseta da Amazônia; e pessoas fazendo cestos, pintando murais, cavando poços e emboçando casas.

O ano de 1984 foi de sólidas conquistas. As irmãs deram o primeiro curso de catecismo, uma segunda máquina de beneficiamento de arroz foi instalada, e discussões foram feitas sobre a abertura de um posto comercial comunitário. Os olhos do padre Lucas brilham ao contar a história. "A primeira coisa que aconteceu foi que Dorothy fez uma reunião com oito mulheres para vender-lhes a idéia. Elas adoraram! 'É uma grande idéia', disseram. 'Mas o que usaremos como capital?'

Ela foi então para casa e pensou, pensou, e na reunião seguinte ela disse: 'Todas aqui têm galinhas?'. E elas responderam: 'Claro!'. Ela disse então: 'O.k., na próxima semana quero que cada uma traga sua melhor galinha'. Elas as venderam e compraram uma porca. Era a porca mais magra que você já viu, mas conseguiram que ela vivesse em cada casa, uma depois da outra, por um mês. Ela engordou muitíssimo, então a cruzaram e ela teve nove porquinhos, e assim foi que levantaram o dinheiro para começar. Eu contei isso para mostrar quanto Dorothy era criativa!"

Em abril de 1984 Dot retornou aos Estados Unidos para visitar sua mãe que estava doente e vivia sob os cuidados de seu irmão David. Edna tinha 85 anos e Henry, 87, e esta seria a última vez que Dorothy veria sua mãe.

No ano seguinte ela recebeu a visita de duas de suas irmãs, Mary e Maggie. Havia muito a mostrar: as plantas de café que tinham sido cultivadas ao longo da margem do rio para fornecer café para todos; o pequeno trator que compraram graças a uma doação; as melhorias na casa (um quarto extra, paredes emboçadas, e um telhado de telhas de madeira). Havia histórias para contar em volta da mesa à noite; de como a Transamazônica ficava intransitável por meses, forçando as pessoas a viajarem para Belém pelo rio, e de como decidiram obstruir a ponte sobre o rio Anapu e mantê-la assim por três semanas até que as autoridades foram finalmente forçadas a consertar a estrada. Havia histórias sobre lutas contínuas pela terra; a visita da equipe do órgão da reforma agrária, INCRA, que ficou alojada no dormitório masculino; o dia em que plantaram árvores ao redor da igreja; a doação que receberam para construir vendas nas áreas rurais.

E, como sempre, os planos — planos para construir mais escolas, para conseguir que as mulheres trabalhassem juntas, para imaginar como conseguir algum tipo de transporte para que os assentados pudessem vender seus excedentes na cidade, para treinar técnicos agrícolas dentro da comunidade, encontrar maneiras de gerar mais receita, melhorar a saúde das famílias, e principalmente ajudar as pessoas a assumirem a responsabilidade pela vida delas.

Ao longo dos anos esses sonhos foram pouco a pouco realizados. As construções foram aprimoradas, e o chão de barro foi substituído por cimento. O primeiro grupo de professores se graduou e foi trabalhar nas áreas rurais. A Associação das Mulheres foi fundada, focando em saúde familiar, medicina alternativa e melhor nutrição, e a primeira Assembléia das Mulheres aconteceu. Uma diocese associada da Califórnia levantou dinheiro para a compra de um caminhão e o doou à Associação Pioneira. Afetuosamente conhecido como Amarelão, o caminhão foi abençoado por um padre e colocado para trabalhar. Durante cinco anos não deixou de fazer sua viagem semanal a Altamira, levando produtos e pessoas e trazendo suprimentos comprados para o armazém da comunidade.

"Só havia um ônibus naqueles dias", lembra Giovanni, irmão de Geraldo. "Transbrasiliana era o nome da companhia. Ainda circula. Mas naquela época costumavam cobrar o equivalente a cinco dias de trabalho só para ir a Altamira."

"E só andava na rodovia principal", confirma Geraldo. "Nunca circulou nas estradas secundárias. Podia-se esperar três dias por ele, e isso na estação seca. Durante as chuvas simplesmente não vinha, e as pessoas passavam meses sem poder sair de onde estavam."

"Quando ganhamos o caminhão, quebramos o monopólio", acrescenta Giovanni. "Outras pessoas começaram a criar alternativas de transporte, e agora, em vez de cobrarem o salário de cinco dias, cobram o de um."

Já em 1989 as coisas progrediam com estabilidade. Dot fez uma viagem à Califórnia para agradecer à diocese de Paraíso os presentes em forma de recursos financeiros. Ela foi selecionada por unanimidade pelo Comitê de Justiça e Paz de Springfield em Ohio como a missionária a ser apoiada, e recebeu a visita da coordenadora da missão de sua Congregação, que ficou profundamente impressionada com o que encontrou. "Dorothy pegou emprestado um fusquinha para me mostrar um pouco da cidade de Altamira", escreveu mais tarde. "E depois fui levada para a sua 'casa distante de casa', uma construção bastante deteriorada com quatro paredes e um teto. Essa pequena casa era destinada às pessoas do campo quando estivessem na cidade por uma noite. O chuveiro e o vaso sanitário ficavam do lado de fora, no jardim interno — o termo 'jardim' é um pouco ambicioso para descrever esse pedacinho de terra. Saímos na manhã seguinte às 6h45, depois de comer uma fatia de pão fresco e tomar uma xícara de café. Esses passeios de ônibus são experiências desafiadoras! Aproximadamente na metade do caminho para Nazaré, o ônibus era esvaziado para que pudesse ser transportado por balsa; quando chegava do outro lado, nós entrávamos novamente no ônibus para o resto da viagem e chegávamos cobertos de poeira. A área de floresta em que Dot mora foi derrubada há quatro anos; é difícil imaginar sua natureza primitiva. Quando chegamos, Sandra, uma das mulheres que vive na casa, tinha preparado um delicioso pão branco para nos receber, e como estava maravilhoso! A comunidade é formada por Dorothy e duas moças, Isabel e Sandra, ambas sustentadas por uma paróquia na Califórnia. A casa é construída de barro, e, embora me pareça bastante pobre, Dot diz que não se compara com o que era antes. Ela conseguiu cultivar fruta e pés de café e vários arbustos na areia para embelezar a terra e prover alimento também. As galinhas ficam soltas, andando por toda parte dentro e fora, e eu tive o privilégio duvidoso de ter uma delas pondo ovos sob minha rede uma manhã.

"Dorothy abre seu caminho pelo sertão, lutando para ajudar os pobres a adquirir um pedaço de terra do qual possam extrair seu sustento para uma vida simples. Os grandes proprietários são imensamente ricos, e qualquer um que se interponha em seu caminho, por qualquer razão, está sob contínua ameaça. Pode parecer que a violência no Brasil esteja arrefecendo, mas a realidade é bem diferente: as vítimas da violência são os pobres, os desamparados, e aqueles que tentam ajudá-los. Por vinte e sete anos nossas irmãs têm se alinhado aos camponeses, cuja única falta é tentar conseguir terra suficiente para alimentar suas famílias, e algumas vezes, quando retornam para seus países para um descanso bem merecido, nos perguntamos por que estão tão mudadas. Elas não podem evitar serem transformadas pelas tragédias diárias que testemunham.

"Dorothy tem bastante consciência de que está na lista dos subversivos (considerados comunistas), mas ela é forçada pela pobreza e pela injustiça a arriscar sua vida para ajudar os pobres e os sem-terra. Foi meu privilégio acompanhá-la a uma reunião de uma dessas comunidades de base, e fiquei muito emocionada de ser acolhida por uma família para jantar antes da reunião. O assunto principal da reunião era descobrir o que deveriam cobrar pelo uso do caminhão deles, e como poderiam pagar o dinheiro emprestado em tempos ainda mais pobres. A reunião foi interrompida brevemente quando uma enorme tarântula subiu por uma abertura da parede bem atrás do meu ombro esquerdo. Logo foi morta e a reunião reiniciou como se alguém tivesse chamado a atenção para um mosquito inofensivo."

Em março de 1990, o escritório da missão em Dayton recebeu uma carta perturbadora da irmã Dorothy. Por anos ela tentava obter o título do pedaço de terra onde tinham construído o Centro de Nazaré. O entendimento é que esta pertencia à prelazia, mas de repente descobriram que o governo havia dado a terra a um dos vizinhos. Disseram-lhes que não havia nada a fazer, e uma oferta que fora feita pelo vizinho para que mantivessem um pequeno pedaço de terra foi retirada quando lhe disseram que as pessoas em Nazaré eram todas comunistas. Um inspetor apareceu quando Dot visitava uma das comunidades rurais, e estavam convencidos de que seriam despejados. Dot passou duas semanas correndo por todo lado para encontrar uma solução para o problema deles, e foi nesse momento que chegou um cheque de novecentos dólares de St. Raphael, em Ohio. Em êxtase, Dot escreveu: 'Queremos que saibam que vocês são a Divina Providência em ação'. Planejaram comprar um pedaço de terra a cerca de dois quilômetros de distância, desmontar os dois quartos, a igreja, e a casa das Irmãs, e se mudar para a nova propriedade, mas finalmente foram capazes de poder provar que a terra pertencia realmente à prelazia do Xingu e que tinha sido corretamente documentada pela Agência de Reforma Agrária.

Mais tarde naquele ano houve um alvoroço quando um técnico agrícola chamado Gustavo veio da Áustria para uma visita a convite do bispo Erwin. A Associação Pioneira estava muito interessada em contratar um técnico, e a comunidade ficou na maior expectativa, esperançosa de que pudessem persuadi-lo a ficar. Infelizmente para eles, ele decidiu retornar para a Áustria, e a comunidade sofreu uma perda dupla quando, um pouco depois, Sandra, uma das jovens que morava com Dorothy, decidiu segui-lo.

1990 FOI OUTRO ANO de conquistas. O padre Beto veio de Marabá dar um curso de liturgia e para ajudar a comunidade a pensar maneiras de tornar as missas mais vivas e relevantes para a vida das pessoas. O seminarista Paulo deu um curso de teatro. Primeiras comunhões eram realizadas nas comunidades rurais. Vinte e oito professores concluíram seu treinamento, e a comunidade fez uma festa para celebrar, transformando o dormitório masculino em um salão de festas. O bispo presidiu a missa, e Valdilene cozinhou um tatu para a ocasião.

O ano passou em uma rápida sucessão de reuniões e visitas, e, antes que Dot percebesse onde estava, era o momento de enviar a primeira turma de jovens para Macapá, no estado vizinho, para receberem treinamento como técnicos agrícolas, de celebrar a chegada do novo Fusca, e então partir para os Estados Unidos em licença. Ela levou consigo alguns vídeos sobre a vida nas comunidades e relatou que estava ficando bastante hábil com a filmadora doada por uma paróquia de Ohio. Sua estratégia era permitir que as pessoas documentassem sua própria história, e noites na floresta quando passavam filmes, com a energia gerada por um motor de carro, eram sempre grandes eventos freqüentados com entusiasmo.

Em 22 de maio de 1991 Dorothy escreveu a um membro da família nos Estados Unidos: "Bem, estou celebrando meus sessenta anos e 25 deles vividos no Brasil. Quero apenas expressar em alta voz para o mundo que eles foram bons e que vocês de algum modo ajudaram a torná-los significativos para mim, assim como a grande família a qual me uni aos dezessete anos, Notre Dame. Por ter sido capaz de viver e amar, ser amada, e trabalhar com os brasileiros, ajudá-los a encontrar confiança em si mesmos, sentir profundamente a presença de Deus em sua vida e ser então uma influência criativa na comunidade da qual uma sociedade mais humana pode nascer, eu agradeço a vocês".

Mas a vida na floresta tropical não era sempre um mar de rosas. "Tive a sorte de ser mordida por um mosquito transmissor da dengue", ela acrescentou com ironia. "Tive malária doze vezes, mas uma dengue ganhou de todas."

Vinte e cinco anos na linha de frente deixaram marcas em sua saúde, e a Congregação estava ansiosa para que pudesse ter um período de descanso para repor suas energias e renovar seu espírito. Então, em novembro de 1991, ela voltou aos Estados Unidos para uma licença de seis meses, e de bom grado aceitou participar de um curso em teologia de criação. Seria uma revelação e um ponto de grande mudança em sua vida.

ONZE

TEOLOGIA DE CRIAÇÃO

EM VIAGENS ANTERIORES aos Estados Unidos, Dot zelosamente visitara sua mãe, assim como sua grande família e amigos, levantando fundos para seu trabalho e cuidando de qualquer problema de saúde que houvesse surgido. Mas daquela vez sua família e as irmãs estavam preocupadas com ela. Sentiam que merecia um descanso e a oportunidade de se afastar completamente das tensões e dos estresses da vida no Brasil e se centrar mais uma vez. Organizaram então para que se inscrevesse em um curso semestral sobre teologia de criação na Universidade do Mais Sagrado Nome, na Califórnia.

Foi um período maravilhoso para ela, de liberação de sua feminilidade e de seu ser artístico, e provou ser um dos eventos mais importantes de sua vida. Era uma oportunidade para reavaliar a fonte de sua força, de deixar de lado, naquele momento, o ativismo social que a tinha consumido, e fundir-se na criação de Deus em toda a sua abundância: pessoas, plantas, animais, água, ar e a própria Terra.

Ela fora criada no velho estilo hierárquico da Igreja, onde o poder estava investido nos padres e o poder absoluto estava investido no papa, que era considerado a representação de Deus na Terra e que às vezes falava a verdade infalível de Deus. As freiras forneciam trabalho voluntário para a Igreja, e aos leigos que obedeciam às regras era garantida a salvação eterna. Todos os não-católicos estavam efetivamente fora da salvação. Como uma irmã de Notre Dame, Dorothy se submeteu às disciplinas de castidade, pobreza e obediência, sublimou sua condição feminina cuidando das crianças de outras mulheres, e viveu no século XX com as vestimentas e os hábitos do século XVIII.

Apesar das reformas do Vaticano II, a Igreja era ainda uma instituição hierárquica dominada por homens. A ordenação de mulheres para o sacerdócio foi resolutamente combatida, e embora as freiras tivessem uma autonomia maior que antes, continuavam submetidas aos padres. Entre os leigos, algumas mulheres começavam a ocupar o lugar de catequistas, mas a sociedade lhes comunicava desde os seus primeiros anos que dependiam dos homens. Dot observou as camponesas e encontrou pessoas que ainda possuíam um pouco de sua sabedoria ancestral, cujos talentos eram os de nutrir: crianças, famílias e terra. Viu pessoas dominadas por séculos por seus pais, seus maridos, sua Igreja e seu Estado, e percebeu o potencial que apenas aguardava para ser liberado. Por 25 anos, na busca da justiça social, ela trabalhou com os sem-terra para ajudá-los a ganhar o sustento. E por 25 anos o mesmo padrão se repetiu: a floresta fora cortada, a terra, degradada, e as famílias, forçadas a vender e a se mudar. O jeito antigo não estava funcionando, e uma nova maneira precisava ser descoberta.

Na Califórnia, Dot teve o luxo de imergir em um novo conceito de espiritualidade, que tinha muito pouco a ver com a tradição na qual ela crescera. A imagem de Deus como o pai severo do Antigo Testamento foi transformada na imagem de

Deus como Mãe/Pai da justiça, da compaixão e da sabedoria — Sophia. Esta nova maneira de compreender Deus contrastava diretamente com os ensinamentos rígidos da tradicional hierarquia católica romana, com sua repressão do feminino. A imagem masculina de Deus como foi retratada na Bíblia, a ênfase no pecado original, na salvação pela redenção, e o conceito de violência redentora foram colocados em confronto com os atributos femininos da divindade: sabedoria, justiça e compaixão. Em vez de buscar a religião, o povo de Deus deveria buscar a espiritualidade, ecoando as palavras de Dietrich Bonhoeffer: "Jesus não nos convoca a uma nova religião, mas a uma nova vida". Deus estava presente em cada aspecto desta vida, em cada parte da criação. E o povo de Deus deveria viver com abundância, cumprir seu destino divino como filhos e filhas de Deus, e trabalharem juntos para conduzir o novo reino de justiça e compaixão através do cosmos, harmonizando tudo com o Criador.

Essa forma de valorizar o feminino alinha o pensamento ocidental com a maneira indígena de valorizar a mãe Terra, revendo conceitos bíblicos em termos de conservação em lugar de dominação. Uma liderança sábia e a conservação de nossos recursos levam à retidão, justiça e distribuição justa, assegurando um futuro abundante para o planeta e todos os seus habitantes por gerações. Esse conceito ressoava fortemente com as mais profundas convicções de Dot, como mais tarde ela confirmou em uma de suas cartas: "Apenas uma mudança profunda em nossa forma de viver — em nossos valores e atitudes — pode trazer nova vida ao nosso mundo".

Não que o conceito dos aspectos femininos de Deus fosse inteiramente novo para o mundo ocidental. O Antigo Testamento contém mais de quatrocentas referências ao espírito de Deus em sua forma feminina, usando a palavra hebraica *ruach*. Quando as Escrituras foram traduzidas para o grego, a palavra usada era *pneuma* (neutra) e nos códices em latim a palavra se tornou masculina, *spiritus*. Porém, lemos no Novo Testamento que Jesus se esforçou para favorecer as mulheres, que eram consideradas inferiores aos homens, que muitos seguidores de Jesus eram mulheres, e que as mulheres ajudaram a financiar as primeiras viagens de Jesus e seus discípulos. Com o desenvolvimento da hierarquia, os primeiros homens da Igreja consideraram a própria noção de associar espiritualidade à mulher um remanescente perigoso das antigas religiões das deusas e a reprimiram fortemente. A queda aconteceu através de Eva; as mulheres eram pecadoras e tinham de viver subordinadas aos homens. Aquelas que cometiam a temeridade de se ligar às antigas formas — usando, por exemplo, seu conhecimento tradicional de plantas medicinais — eram rotuladas como bruxas e queimadas na fogueira. Qualquer forma de dissidência era punida com severidade pela Inquisição, e séculos mais tarde, nas décadas de 1980 e 1990, o escritório da Inquisição (rebatizado como Congregação da Doutrina para a Fé), na pessoa do cardeal Ratzinger — agora papa Bento XVI —, continuou a silenciar os padres que se devotassem a qualquer forma de teologia que diferisse das linhas do Vaticano.

No caso do irmão Matthew Fox, dominicano, que criou o curso que Dot freqüentou, a principal objeção de Ratzinger era que ele era um teólogo feminista que se referia a Deus como Mãe, que se referia à bênção original no lugar de pecado original, que se associava muito de perto com as religiões indígenas, que não condenava a homossexualidade, e que tinha criado um conceito inteiramente novo da jornada espiritual. A Igreja, tradicionalmente, tinha retratado a peregrinação do homem pelo vale de lágrimas à vida eterna como demandando a purgação do pecado, a iluminação e a união com Deus. Matthew Fox e seus colegas estudiosos viraram a teologia de cabeça para baixo. Em vez de iniciar com a premissa do pecado original, iniciaram a doutrina com a bênção original: Deus criou o universo e viu que este era bom. "Juntos podemos fazer diferença", escreveu Dot com entusiasmo, "trazendo paz, alegria, cuidado, amor para nosso mundo, que está perdendo de vista nossa estrela guia — a bondade do verdadeiro Deus."

A teologia da criação fala de quatro caminhos para a perfeição. A via positiva enfatiza a maravilha, a admiração, e se regozija em toda a criação de Deus. A via negativa é o lado da sombra, onde encontramos a escuridão, o silêncio, o sofrimento e o abandono de si, que são igualmente parte de nossa jornada espiritual. Uma vez que tenhamos experimentado e abraçado tanto a luz quanto a escuridão, podemos iniciar a via criativa, onde os presentes inerentes da criação de Deus nos chamam, e trabalhar para realizar o reino de Deus. E finalmente isso leva à via transformativa, onde a criação de Deus é restaurada através de justiça, da compaixão e da harmonia, e uma nova compreensão da interdependência de toda a vida no planeta. E assim o círculo se completa.

Dot chegou à Califórnia pouco depois que Matthew Fox fora expulso da Ordem dos Dominicanos, embora continuasse a ensinar. (Seu curso foi, portanto, transferido para a Universidade da Sabedoria em Oakland.) Seu trabalho focava-se em ativismo; havia pouco tempo sobrando para qualquer outra coisa. Porém ela sabia que o que Fox ensinava estava certo: que enquanto espiritualidade sem ativismo era intelectualismo árido, ativismo sem espiritualidade tinha efeito mas de pouca profundidade. O que era preciso, ele ensinava, era uma fusão radical de espiritualidade e ativismo que enriquecesse nosso espírito e transformasse nosso ativismo. Isso pode ser alcançado por um retorno às práticas antigas de misticismo, aliado a um uso sábio da ciência moderna para gerar bem-estar social e ambiental e revitalizar o cristianismo. A criação espiritual trata do fim do teísmo e da ciência do panenteísmo que ensina que a imagem de Deus é imanente em todas as coisas, mas que Deus transcende a ordem criada e permeia todas as coisas, e que Cristo é a energia libertadora e reconciliadora de Deus que transforma indivíduos, instituições e sociedade. Trata da confiança na natureza, inclusive nossa natureza humana, nossos sonhos, nosso corpo e nossa imaginação. Advoga que a paixão é uma bênção em vez de uma maldição; enfatiza a criatividade no lugar da obediência cega, a estética sobre o ascético. Trata da cosmologia, conectando a atividade humana com o cosmos.

Tudo começa com a bênção original no lugar de pecado original. Deus criou o mundo e viu que era bom. O ensinamento tradicional diz que o pecado surge da desobediência às leis de Deus; a teologia da criação diz que ele vem da desconexão com a criação de Deus. Em vez dos sete pecados capitais — gula, preguiça, luxúria, orgulho, inveja, raiva e ganância —, propõe sete princípios da criação: cosmologia, feminilidade, liberação, compaixão, profecia, criatividade e comunidade. No lugar de enfatizar a redenção, a teologia da criação foca-se na conexão humana com o cosmos. Em vez do Jesus histórico, o Cristo cósmico. Pensamento positivo: admiração, maravilha diante da beleza da criação de Deus. Reconceber o universo como o corpo místico de Cristo. Rejeição à religião patriarcal e reverência a Deus como mãe, a Terra como mãe, o universo como avó, reunindo todas as religiões.

Os princípios básicos dessa teologia são: cada ser humano é místico e profeta, e o universo é basicamente bom. Ainda assim todos os seres humanos precisam descobrir seu verdadeiro ser, e esta jornada percorre os quatro caminhos. Como filhos e filhas de Deus, todos somos artistas capazes de criar; todos somos parte do cosmos; temos a experiência do divino tanto como pai quanto como mãe, como filho e como pais. Deus está em todas as coisas, e todas as coisas estão em Deus.

Dorothy vivia a vida do Antigo Testamento, em que as pessoas aravam o solo, plantavam e colhiam, cuidavam dos animais e dependiam umas das outras para sobreviver em um ambiente hostil. Ela vivia entre pessoas que eram, em sua maioria, intensamente religiosas, mas ao mesmo tempo tinham perdido sua ligação primitiva com a terra. Dependiam dela para viver, mas eram um povo migrante que percebia a floresta como um inimigo a ser conquistado, diferentemente dos indígenas ou dos povos tradicionais, que tinham desenvolvido meios de conviver com a floresta e cuidar dela.

Dot vira com freqüência como famílias esperançosas cortavam, queimavam, plantavam e colhiam e se mudavam porque não sabiam como cuidar do solo, que rapidamente era exaurido e não mais podia sustentá-las. Em vez de amar e reverenciar a Terra, viviam com medo dela. Medo de animais selvagens, de cobras, de aranhas venenosas. Medo das gigantescas árvores que se elevavam como torres altas e bloqueavam a luz do sol. Medo dos povos indígenas que eram estranhos e diferentes. Medo de seus irmãos que cobiçavam suas terras e os ameaçavam com armas. Precisavam criar uma nova relação com a Terra e entre eles — uma relação onde homens e mulheres eram valorizados igualmente, onde as crianças eram acolhidas e apreciadas, e onde o que fosse diferente pudesse ser percebido e valorizado como parte da maravilhosa biodiversidade da criação. "O presente de Deus para nós", ela escreveu, "é viver mais plenamente como parte de nossa criação cósmica."

Ela percebeu que as mulheres e as meninas eram especialmente carentes — que precisavam ser reconhecidas, ter acesso à educação e à liberdade, desafiadas a serem tudo o que pudessem ser. Ela resolveu então fazer tudo o que pudesse para que se sentissem à vontade em sua bela floresta, cuidando-a, compreendendo-a e amando-a. Para celebrar os presentes da vida, o tempo do plantio e da colheita, o sol e a chuva, o dia e a noite. Para que se livrassem da dependência, se tornassem fortes, e acreditassem em si mesmas e em seu potencial como filhas de Deus. Para não apenas se libertarem, mas também aos seus homens, que lutavam com suas próprias cargas.

Dot resolveu que quando voltasse ao Brasil trabalharia com as mulheres e com os homens para tornar suas terras mais produtivas, e faria tudo o que pudesse para levar as pessoas a compreender seu papel na criação — para mostrar-lhes que quanto mais cuidassem da Terra, mais a Terra cuidaria delas. "Devemos nos esforçar muito para salvar nosso planeta", escreveu. "A Terra já não pode mais prover. Sua água e seu ar estão envenenados e seu solo está morrendo."

Dot já estava havia dezoito anos no Pará trabalhando com assentados para proteger suas terras e os meios de sustento, e, embora tenha havido muitos sucessos, tinha visto também muitos fracassos. Ficava cada vez mais claro para ela que as práticas tradicionais da agricultura de derrubada e queima não eram sustentáveis e que uma maneira inteiramente nova de trabalhar com a terra era necessária. Ela estava determinada a aceitar sua responsabilidade compartilhada de proteger e restaurar a terra, e, quando voltou ao Brasil em 1992, suas convicções mais profundas foram fortalecidas ao participar da Conferência das Nações Unidas para o Meio Ambiente e o Desenvolvimento, também conhecida como a Cúpula da Terra. Ao se juntar a meio milhão de ambientalistas de todo o mundo que vieram ao Rio de Janeiro para debater formas melhores de cuidar do planeta, ela naturalmente vibrou com a Carta da Terra redigida pelas ONGs participantes da conferência. Isto é o que diz:

> Nós somos a Terra, as pessoas, as plantas e os animais;
> as chuvas e os oceanos;
> o sopro da floresta e o fluir do mar.
> Honramos a Terra como a morada de todas as criaturas vivas.
> Apreciamos a beleza da Terra e a diversidade da vida.
> Acolhemos a habilidade da Terra de se renovar como a base de toda a vida.
> Reconhecemos o lugar especial dos Povos Indígenas da Terra, seus territórios, seus costumes e sua relação particular com a Terra.
> Estamos estarrecidos diante do sofrimento humano, da pobreza e dano à Terra causados pela desigualdade do poder.

Aceitamos a responsabilidade compartilhada de proteger e restaurar a Terra.

E de permitir um uso sábio e eqüitativo dos recursos para alcançar um equilíbrio ecológico.

E novos valores sociais, econômicos e espirituais.

Em toda nossa diversidade somos um.

Nossa casa comum está altamente ameaçada.

DOZE

VIVENDO A TEOLOGIA DE CRIAÇÃO

DEPOIS DA CÚPULA DA TERRA, Dot voltou a Nazaré com a cabeça fervilhando de idéias. Sua equipe tinha se expandido agora: Maria dos Santos e Waldiria se juntaram às postulantes Isabel, Sandra e Rita. "Percorremos todas as estradas do interior", diz Maria dos Santos. "Ficávamos fora por dois ou três dias de uma só vez, e cruzávamos pela floresta entre uma estrada e outra para que não precisássemos voltar para trás e pegar a rodovia." Em uma explosão de energia, as comunidades organizaram um grupo de mulheres que faziam e vendiam roupas para levantar dinheiro, estabeleceram cooperativas para descascar arroz e moer milho e iniciaram planos para construir uma fábrica de processamento de frutas movida à eletricidade gerada por uma pequena represa. Inspirada por seu embasamento na teologia de criação, Dot pintou camisetas com slogans ecológicos — A morte da floresta é o fim da nossa vida — e uma imagem da floresta vicejando de seres divinos. "Ela acreditava realmente que Deus estava em todas as coisas", disse uma das irmãs mais tarde. "E sentia uma dor imensa quando via uma árvore de mogno queimada até a raiz."

Em novembro de 1992 não havia sinal de chuva, o calor era terrível e havia queimadas por toda parte. Mas as pessoas começavam a pensar de uma forma nova e falavam sobre plantar árvores em vez de derrubá-las. Decidiram também que uma de suas necessidades mais prementes era encontrar uma forma confiável de transportar seus produtos até a rodovia, e ficaram muito felizes de saber que a paróquia de St. Raphael financiaria a compra de um trator de cinqüenta cavalos com carroceria. O equipamento demoraria vários meses para chegar, mas estaria funcionando lá pela metade de 1993.

Mas as coisas não se passaram como programadas por três razões: a instabilidade econômica, a falta de planejamento financeiro e a falta de comunicação clara. Em um cenário de inflação elevada e enorme dificuldade de prever gastos, a comunidade em Nazaré decidiu realocar os fundos sem consultar previamente a paróquia em Ohio. O trator chegou a Altamira, mas as condições da estrada indicavam que não chegaria a Nazaré até o final das chuvas em junho. E enquanto isso a comunidade decidiu trocá-lo por um caminhão, alegando que um caminhão teria maior capacidade de carregamento, e estava mais bem equipado para as subidas íngremes e seria mais econômico. Identificaram um veículo com 80 mil quilômetros rodados no marcador, que poderiam trocar pelo trator novo, e ficaram felizes de informar que o negócio incluía uma máquina de beneficiamento de arroz, o que lhes permitiria não apenas conseguir um melhor preço por arroz debulhado como também gerar um suprimento de casca de arroz para alimentar os animais.

Porém o que parecia perfeitamente lógico ali era muito diferente para o escritório da paróquia em Ohio. A St. Raphael havia provido o dinheiro para um trator, e queria saber por que não tinham adquirido um trator. Dorothy, que raramente usava uma máquina de escrever, menos ainda um computador, foi obrigada a se engajar em uma longa e, algumas vezes, impaciente correspondência ao longo de muitos meses. Explicou que o Brasil estava em um período de inflação alta e que o valor do frete não cobriria mais as despesas correntes, e por isso a comunidade havia decidido comprar um caminhão.

O escritório da paróquia observou que um caminhão tinha mais peças do que um trator e quebraria com mais freqüência. Se as pessoas em Ohio soubessem o que 80 mil quilômetros nestas estradas causariam a um caminhão elas provavelmente ficariam ainda mais irritadas. Queriam saber se um caminhão faria melhor quilometragem do que um trator e se a comunidade lucraria mais com sua utilização.

Dorothy escreveu uma longa carta explicando que o problema tinha sido falta de planejamento adequado, mas que a situação econômica pegara todos de surpresa. "Por que não calculamos tudo isso antes?", escreveu. "Boa pergunta. Estamos trabalhando com os mais pobres dos pobres, que jamais administraram qualquer coisa. Um tem uma idéia, outra pessoa tem outra, e somos muitos. Buscamos ouvir uns aos outros e agir com base no conhecimento que temos."

Os administradores da paróquia responderam que não gostavam da idéia de trocar um trator por um caminhão. Um trator funcionaria de forma mais eficiente e seria mais confiável em estradas ruins. Mas, concluíram, era importante para eles confiarem nela e deixar que errasse.

E então, para alívio mútuo, a correspondência foi encerrada.

Nos meses sufocantes e úmidos de outubro e novembro de 1994, Dot enviou uma carta a sua família que deixava entrever a frustração e a exaustão que começava a sentir com o passar dos anos. "É tão quente aqui que eu gostaria de ser um peixe em uma água fresca em vez de em meu suor", escreveu, e então, em um tom depressivo incomum para ela, "estamos envelhecendo e fico cansada de lutar por tempos melhores. Se vierem, vieram." Mas ela rapidamente se reanimou, lembrando a si mesma e aos seus amigos que "nossa Igreja irá cambalear adiante, porém Deus em toda a Sua bondade é Eterna! Percebo que todos vocês vivem também em um mundo cheio de contradições e buscam contribuir para que uma nova vida esteja constantemente nascendo. Se ajudei, obrigada, Deus; se algumas vezes fui uma pedra em seu sapato, perdoe-me. Quero apenas dizer que a vida não pára aos sessenta anos e eu ainda preciso de sua amizade para me dar energia, pois algumas vezes eu sinto que essa velha senhora não é mais o que era, e eu quero realmente ainda ser parte de tudo isso".

Por essa época Dot estava se envolvendo bastante com a política local, e os esforços da comunidade foram recompensados em 1995, quando o governo estadual concedeu ao pedido de criar um novo município baseado na cidade de Anapu, a cerca de trinta quilômetros de Nazaré. No Brasil, o poder político é tradicionalmente mantido nas cidades e as áreas rurais ficam por conta própria; assim, a perspectiva de se tornar um novo município era muito atraente, contanto que o povo pudesse eleger um prefeito trabalhador e honesto e uma decente Câmara de Vereadores. O novo município estaria também qualificado para receber fundos federais a fim de melhorar as estradas e as escolas e oferecer assistência médica. Seria grande. "Temos cem quilômetros de extensão e uma média de setenta quilômetros de largura", Dot escreveu. "A área ficou abandonada pelas duas sedes municipais anteriores. Que difícil luta política! Estamos nisso desde 1988 — é uma luta longa e árdua."

A criação de um novo município, que ficou efetiva em 1996, funcionou como um incentivo para novos migrantes, e Dot se viu cada vez mais preocupada com as famílias que chegavam uma semana atrás da outra. Seu foco principal era auxiliá-las a encontrar terra e novas formas sustentáveis de viver, e parecia lógico para ela e sua equipe mudarem-se do pequeno assentamento de Nazaré para Anapu, com localização mais central, primeiro porto de escala da maioria das famílias que chegavam.

No ano seguinte, a casa original da paróquia em Anapu foi derrubada e substituída por uma bonita casa nova de madeira com chão de cimento e água corrente. Em comparação com a casa em Nazaré, era positivamente luxuosa, e Dot festejou a novidade da água corrente e do telefone. Em 28 de setembro de 1997 foi rezada uma missa para consagrar a pedra da fundação da nova igreja, e em meio a um crescente entusiasmo os materiais para a construção foram reunidos. Em dezembro a velha igreja de madeira foi demolida deixando o lugar limpo para o evento mais importante da década, a ordenação de três jovens padres, um dos quais, padre Amaro, ficaria para trabalhar na paróquia.

Foi uma celebração imensa. Esperavam centenas de pessoas, e a preparação durou muitas semanas. As pessoas vieram de todos os lugares para ajudar. Um dos madeireiros emprestou seu caminhão para ajudar a tirar o entulho depois que a igreja foi demolida, e os ajudantes eram recompensados com pipoca. Bancos foram construídos com tocos de árvore fornecidos pelo prefeito e com tábuas emprestadas da serraria, um abrigo foi construído sobre a área de cozinha para manter os cozinheiros fora da chuva, e alguém teve a providência de instalar uma privada.

"Tivemos cerca de 1.500 pessoas vindas de umas cinqüenta pequenas comunidades", escreveu Dot, "e umas quinhentas de outras áreas da prelazia — sacerdotes, seminaristas, e amigos de todo o estado. Para alimentar todos pedimos às comunidades que nos enviassem arroz, feijão, milho, mandioca, café, galinhas e carne de porco. Alguém nos enviou até um boi!

"Estamos unidos com quatro outras tradições de fé", ela continuou, "batista, Assembléia de Deus, adventistas e macumba, todos reunidos como uma grande testemunha da nossa unidade e força." Em 31 de janeiro de 1998, a quadra estava lotada para comemorar a ordenação. Uma oferenda de dança celebrava os frutos da terra — bolos de milho, pedaços de rapadura, bolos de tapioca deliciosos — e, na missa afro-brasileira, os pais de Amaro apresentaram seu filho ao bispo, dentro do ritual. Foi lindo ver todos celebrando juntos e trazendo suas oferendas ao altar. "Mas a maior de todas as dádivas", Dot ressaltou, "é a dádiva de nossa vida."

Durante a limpeza após as festividades nem imaginavam que sua próxima incumbência iria demandar cada pedacinho de sua energia e determinação, exaurir suas reservas ao máximo, e levá-los ao topo da montanha e para o vale de sombra da morte. Porém tudo isso aguardava adiante.

ANAPU ERA UM PEQUENO vilarejo parado quando Dot chegou lá pela primeira vez, e, embora sua população tenha crescido subitamente, ainda não era um lugar desenvolvido. Uma cidade de crescimento irregular com construções de madeira acocorada às margens da Rodovia Transamazônica, aguardando tempos melhores. É uma cidade amazônica arenosa com postos comerciais miseráveis, que vendem roupas de segunda mão, redes e garrafas de bebida alcoólica, com música alta tocando por todo lado. Motocicletas ruidosas andando pelas estradas de terra, lixo em toda parte, esgotos abertos, nuvens de pó, enormes caminhões madeireiros, ônibus velhos cheios de caixas e trouxas, e pessoas permanentemente se mudando para a próxima cidade, a caminho das estradas sulcadas do interior. A cidade se esparrama de maneira desordenada colina acima até o armazém, onde o prefeito guarda as maquinarias para a estrada e os membros do conselho da cidade sentam-se em cadeiras desconfortáveis em suas salas com ar-condicionado. Segue além do novo Sindicato dos Trabalhadores Rurais com os guardas armados, sentados do lado de fora, até o prédio vazio que abrigava a rádio comunitária antes de o prefeito mandar fechá-la. Um parque feio de concreto surge como uma ilha no meio da estrada, mas ninguém pára para descansar em seus bancos quebrados e nenhuma criança brinca nos balanços enferrujados. Além da rodovia, a igreja nova e vistosa se ergue ao lado das construções simples de madeira que abrigam o salão da paróquia e a casa dos padres.

Durante os trinta anos de existência da cidade, as casas originais de barro com chão de terra foram substituídas por casas de madeira com chão de cimento, telhados de madeira foram substituídos por telhas de cerâmica, e uma torre de telefone se ergue dominando a linha do horizonte. O prefeito construiu escolas, um pequeno hospital, uma delegacia, e uma variedade de casas comerciais, serrarias, mecânicas, postos de gasolina, bares, pensões e bordéis arrastaram-se em ambas as direções ao longo da ondulada rodovia que leva às cidades distantes de Altamira para o oeste e Pacajá para o leste.

Atrás da igreja um pequeno caminho leva às margens do rio Anapu. As mulheres se agacham nas rochas, ritmicamente batendo as roupas na água, e as crianças nadam nas poças, esquecidas do esgoto que flui direto para o rio. Uma oscilante ponte de madeira leva à outra margem, onde um dos assentados, ambicioso, está construindo uma boate e uma piscina. Um caminho estreito serpenteia por um pedaço da floresta alta até uma clareira onde a paróquia construiu o Centro de Treinamento São Rafael: dormitórios simples de madeira, uma casa circular para reuniões e uma sala de aula abrigada.

O centro de treinamento demorou anos para ser construído. A área foi limpa em 1991 por um grupo de jovens do quilômetro 120. No início não havia ponte, e todo o material de construção chegava de canoa. Algumas semanas depois telhas de madeira foram cortadas para a primeira casa. A construção prosseguiu lentamente, dependendo da disponibilidade de trabalho das pessoas e de dinheiro. Em 1993 a comunidade construiu a cozinha e o espaço circular de reuniões, e no ano seguinte o dormitório masculino, com espaço para cinqüenta redes. Em 1995 a cozinha recebeu um telhado de barro, o espaço circular de reunião ganhou um chão de cimento, e pedra chegou para o novo dormitório feminino que ficou pronto em janeiro de 1996. São Rafa, como foi batizado, tornou-se um local de constante atividade, com encontros regulares da Associação Pioneira, de mulheres, jovens, agricultores, comitê de planejamento, e estudantes da Bíblia.

Mas, apesar de todo o progresso, a violência estava sempre presente e em uma carta para o escritório da missão, datada de novembro de 1995, Dot descreveu-a como "jamais diminuindo, está se intensificando, apenas mudando de métodos. As drogas são um problema constante, a terra pública da floresta está sendo saqueada por madeireiros, e fazendeiros estão derrubando e queimando o mais depressa que conseguem". Ela descreve uma área da floresta que fora recentemente aberta: "mil hectares em uma queimada. A fumaça permaneceu no ar por dias".

"Umberto é um dos missionários do Precioso Sangue que vieram para a pequena cidade de Altamira em 1956, quando era cercada de reservas indígenas", ela continua. "Ele estabeleceu uma pequena gráfica e usou suas habilidades mecânicas para trabalhar com motor de barcos, carros, caminhões e serras. Ele era um homem muito simples e tranqüilo. No dia 10 de outubro ele atendeu à campainha no nosso centro diocesano em Altamira, dois homens entraram e o mataram. Depois soubemos que estavam buscando pelo padre Frederic Scheel."

Uma vez que o novo município de Anapu estava seguramente inaugurado e as novas construções da igreja estavam planejadas, a energia irreprimível de Dot se direcionou mais uma vez para a questão da fábrica de processamento de frutas. Suas cartas descrevem como a comunidade buscava apoio do governo para construir um pequeno açude de 95 quilowatts durante a estação da seca para prover energia não apenas para o processamento da fruta, mas também para uma loja de trabalho de artesanato com madeira e uma fábrica de queijo. Enquanto isso as mulheres trabalhavam com plantas medicinais, os homens começaram a arar com boi e plantar mogno e cedro. "Trabalhar com a terra da floresta é muito delicado", ela diz. "Como poderemos ajudar as pessoas a retomar a relação com a Mãe Terra que é terna e gentil?"

Com o passar dos meses o sonho de cinco anos da fábrica de frutas movia-se com extenuante lentidão. O maquinário foi doado por uma fundação em Luxemburgo, mas nenhum progresso foi feito com relação ao açude, e isso estava rapidamente se transformando em uma piada — parecido, como Dot escreveu, a Noé construindo a arca antes do dilúvio. Mas ela continuou, corajosamente, a fábrica iria "revolucionar toda a nossa estrutura financeira. As pessoas terão um lugar para vender o que produzem e esperamos que esta fruta possa ser processada e exportada".

Em fevereiro de 1997 a nova escola de duas salas ficou pronta em Nazaré, e o trabalho de construção da fábrica de processamento de frutas finalmente começou. A comunidade se apresentou para coletar pedras para a fundação, padre Frederic enviou 8 mil tijolos, um poço foi financiado por uma pequena organização sem fins lucrativos baseada em Belém, e a maquinaria foi instalada. As máquinas processariam frutas cultivadas pelos assentados, e a polpa seria congelada e vendida para suco.

Em julho três jovens se formaram como técnicos agrícolas e começaram a compartilhar com as comunidades suas habilidades recém-adquiridas. "Eles estão nos trazendo mais informações sobre cultivo criativo contextualizado com o meio ambiente amazônico, aliado às habilidades de organização", escreveu Dot. "Que sentimento de conquista! Sinto que posso relaxar um pouco agora e desfrutar do entusiasmo que estão trazendo."

Em 1998 o trabalho tão esperado no açude finalmente começou, apesar das ameaças de um fazendeiro vizinho, Antônio Vicente, de que iria explodi-lo. Mas a construção prosseguiu lentamente, e, antes de os trabalhadores poderem completar o açude, tiveram de construir uma ponte para transportar os materiais para a construção. Depois que a ponte foi finalmente construída, foi derrubada em uma inundação. A comunidade a reconstruiu, mas Vicente manteve sua palavra e a queimou.

Diante de uma grave redução dos fundos para finalizar a fábrica, Dot preparou à mão uma proposta solicitando 30 mil dólares e a submeteu ao escritório da paróquia em Dayton, explicando que o projeto tinha o potencial de transformar a área. "Estamos conscientes da riqueza ambiental imensa de nossa floresta com toda a sua biodiversidade", ela acrescentou. "Em vez de depender de derrubada e queimada para produzir arroz e feijão, exaurindo a fertilidade do solo e destruindo totalmente sua biodiversidade, podemos produzir frutas tropicais."

Dot terminou com uma retrospectiva do que tinha sido alcançado até aquela data. "Iniciando em 1983, organizamos escolas pequenas de apenas uma sala e trouxemos professores de Belém para treinar nossas mulheres como professoras. Temos hoje 56 escolas até a quarta série e seis até a oitava série. Por quinze anos trabalhamos com as plantas locais e agora temos cerca de vinte mulheres envolvidas em cura por métodos naturais. Estamos também envolvidas em projetos comunitários, plantio do café, cacau e pimenta e madeira de lei. Pedimos sua ajuda para que possamos finalizar a construção e para podermos iniciar o processamento de frutas: frutas nativas inicialmente — açaí, bacaba, cupuaçu, graviola —, que têm potencial de venda imediato. Nosso desejo está cheio de vida e esperança de melhorar o padrão de vida de nossas famílias que tanto lutam, para assegurar um futuro melhor no terceiro milênio."

Entretanto, forças maiores estavam em ação, e enquanto Dorothy e seu povo sonhavam em criar um modelo bem-sucedido de agricultura familiar, os planejadores nos órgãos do governo em Brasília reavivavam o velho sonho do desenvolvimento da Amazônia. Esse sonho se baseava não tanto nas extensivas terras, mas nos rios, com seu potencial de gerar enormes quantidades de energia para abastecer a indústria pesada que exploraria os vastos recursos minerais que existem sob o solo da floresta.

O primeiro sinal disso foi o anúncio, dado pelo governo federal, da construção da gigantesca barragem do rio Xingu, projetada para gerar 11 mil megawatts de eletricidade. Esse projeto estava em andamento desde 1975, quando a companhia estadual de energia, Eletronorte, contratou uma equipe de consultores para examinar a viabilidade de construir uma série de barragens no Xingu. Quatro anos depois apresentaram um estudo que projetava cinco possíveis barragens no Xingu e no Iriri, a serem batizadas com os nomes das etnias indígenas em cujas terras tradicionais elas seriam construídas: Kararaô, Babaquara, Ipixuna, Kokraimoro e Jarina. A resistência inicial ao projeto alcançou o seu auge durante o Primeiro Encontro das Nações Indígenas do Xingu, realizado em Altamira em 1989, quando, em meio a protestos calorosos, uma das mulheres indígenas, Tu Ira, bradou um facão diante do rosto do engenheiro-chefe, José Antônio Muniz Lopes. O projeto foi temporariamente arquivado.

No entanto, se a batalha havia sido ganha, a guerra estava longe de acabar. Dez anos mais tarde o projeto reapareceu, em uma forma diferente. A nova campanha publicitária da Eletronorte visava ganhar corações e mentes. A localização do açude mudou para evitar confrontação direta com pequenas populações indígenas. O projeto foi rebatizado como Belo Monte, crianças da escola local e lideranças foram convidadas para visitar a barragem em Tucuruí em excursões, e um centro cultural, novo e vistoso, foi construído na beira do rio em Altamira, fornecendo acesso a computador e a uma maquete da barragem.

Projetos de construções monumentais, como Belo Monte, requerem uma enorme força-tarefa, e as conseqüências imediatas de ressuscitar o projeto eram tanto previsíveis quanto desastrosas. A menor sugestão de um vasto número de empregos foi o suficiente para atrair multidões de migrantes do Nordeste, que vieram em hordas pela Transamazônica para os assentamentos existentes em busca de trabalho que ainda não tinha se materializado. Sem perspectiva de emprego, tinham pouca alternativa além de buscar para si um pedaço de terra para que pudessem alimentar suas famílias.

Foi exatamente nesse momento que a Superintendência de Desenvolvimento da Amazônia, SUDAM, que tinha estado inativa por vários anos, escolheu reavivar seu programa de financiamento de projetos de grande escala, com o resultado de que homens de negócios, madeireiros e especuladores de terra chegaram desordenadamente de toda parte. A competição pela terra se acirrou subitamente, e o cenário estava montado para conflitos de violência e intensidade nunca vistas antes na região.

TREZE

OS CONFLITOS PELA TERRA

À MEDIDA QUE OS CONFLITOS pela terra aumentavam, um grupo inteiramente novo de personagens surgiu. Primeiro vieram os grandes proprietários de terra: homens de negócios, madeireiros, fazendeiros, negociantes de produtos agrícolas e políticos, tanto da região quanto de muito longe. Eles eram (e são) apoiados por seus capangas particulares, desordeiros ou matadores, membros da Polícia Militar ou das firmas de segurança que manejam as guardas e patrulham as fronteiras, reforçados pelos que lidam com a documentação de terras: cartórios públicos, corretores, advogados, topógrafos e impostores oferecendo terra à venda pela internet. É uma indústria estabelecida de longa data, um segredo aberto que poucas pessoas ousam confrontar. Circula uma longa lista não assinada de conhecidos invasores de terra na região de Anapu em 1998, com nomes, área de atividade e o grau de periculosidade:

Avelino Dedeia Residência: Anapu. Ativo em: Projeto Esperança. Envolvido em: "pistolagem" (uso de matadores). Extremamente perigoso.

JK Residência: Anapu. Envolvido em: "pistolagem", invasão de terra. Extremamente perigoso.

Reinaldo Zucatelli Residência: Marabá. Ativo em: Belo Monte. Envolvido em: "pistolagem". Altamente perigoso.

Peixoto Residência: Anapu, Altamira. Ativo em: Bacajá. Altamente perigoso.

Efraim Residência: Anapu. Ativo em: Manduacari. Envolvido em: "pistolagem". Altamente perigoso.

Franklin Penteado Residência: Anapu. Ativo em: Belo Monte, Bacajá. Altamente perigoso.

Délio Fernandes Residência: Anapu. Envolvido em: venda de terras públicas, desmatamento e fraude financeira. Altamente perigoso.

Davi Resende Residência: Altamira. Ativo em: Manduacari. Envolvido em: "pistolagem", tráfico de drogas. Perigoso.

Luís Ungaratti Ativo em: Bacajá. Envolvido em: roubo de madeira. Perigoso.

Regivaldo (conhecido como *Taradão*) Residência: Altamira. Envolvido em: agiotagem, lavagem de dinheiro, financiamento de campanha política. Perigoso.

Regivaldo era um proeminente homem de negócios que morava em Altamira. Embora diletante em especulação de terras, e apesar de ter sido condenado e multado pesadamente por manter trabalho escravo em uma fazenda na região de Anapu, seu negócio principal era agiotagem, empréstimo de dinheiro para os donos de terra que tinham se endividado ao negociar com a SUDAM, e era famoso por cobrar juros exorbitantes —

até 30%. Embora nem ele nem Dorothy soubessem, seus destinos estariam ligados intimamente quando Dot começou a desenvolver a reputação de defender os assentados e mais tarde foi acusada de supri-los com armas e incitá-los à violência. Tudo começou com o caso da Fazenda Manduacari.

As primeiras concessões de terra na Fazenda Manduacari tinham sido tomadas bem antes em 1974. Naqueles dias era condição das concessões que, se a terra não fosse desenvolvida dentro de cinco anos, ela retornava ao governo federal, e uma vez que esta área nunca tinha sido produtiva, as concessões foram canceladas — em teoria. Na prática o governo normalmente era negligente em agir, com a conseqüência de que em muitos casos as concessões eram vendidas a outros proprietários, algumas vezes em boa-fé e algumas vezes com a esperança de que ninguém iria reparar. Em 1999 nenhum dos requerentes originais residia ali.

Em 12 de dezembro de 2002, trezentas famílias se mudaram para a área e começaram a limpar a terra para seus lotes, com o entendimento de que a terra agora pertencia ao governo. Logo que começaram a limpar a terra e a construir suas casas, ouviram que um homem chamado Yoaquim Petrola de Melo reclamava 15 mil hectares conhecidos como Fazenda Cospel, que incluía a terra em que haviam assentado. Mal tinham digerido essa informação desagradável quando o próprio Yoaquim apareceu para expulsá-los, acompanhado por uma força da Polícia Militar fortemente armada e por matadores. O despejo foi tanto violento quanto inesperado: os homens foram surrados e as casas queimadas com todos os pertences. E todos foram carregados em um caminhão de gado para serem enviados a Anapu. Seis dos assentados foram presos, mantidos em cativeiro sob acusações inventadas, e lá permaneceram quatro meses sem julgamento. O que se ouvia era que Yoaquim tinha contratado uma dupla de pistoleiros (inclusive JK, listado como "extremamente perigoso") e pagara 80 mil reais (cerca de 22 mil dólares na época) à polícia para que o serviço fosse feito.

Durante nove meses as famílias permaneceram fora da terra, perderam a estação do plantio e sobreviviam da melhor forma que podiam. Enquanto isso o Sindicato dos Trabalhadores Rurais, a Comissão Pastoral da Terra, os padres e as irmãs montaram uma campanha e publicaram a situação. E em setembro de 2003 seus esforços foram recompensados pela chegada em Anapu do ouvidor nacional para assuntos agrícolas, que reviu o caso dos assentados e recomendou o reassentamento. Confiando nisso, e ansiosas para preparar o solo para a próxima estação de plantio, 153 famílias voltaram para a terra, depois de informar sua decisão ao INCRA.

Quatro dias depois começou a batalha. Benedito, o administrador da Fazenda Cospel, apareceu acompanhado por um motorista e um policial, e começou a ameaçar os assentados. Desta vez eles estavam mais bem preparados, e Benedito estava em menor número, dominado e desarmado. Os assentados entregaram suas armas na delegacia de Anapu, onde Benedito registrou a queixa de que tinha sido roubado em 2 mil reais. No dia seguinte o chefe do escritório local do INCRA visitou a área, declarou que a terra não estava produtiva e autorizou as famílias a plantarem. Ao longo do ano seguinte suas terras foram oficialmente registradas e eles foram informados de que se qualificavam para receber a cesta básica do governo. Primeiro tinham de enviar uma delegação a Anapu com a lista de nomes, e depois seus problemas estariam resolvidos.

Quando os assentados retornaram, ficaram surpresos e alarmados ao descobrirem que uma corrente tinha sido colocada cruzando a estrada e uma guarita fora construída, guarnecida por dezesseis guardas fortemente armados. Foram bruscamente informados de que teriam de deixar a terra o mais rápido possível. Profundamente preocupados, correram de volta a Anapu para informar a polícia, que logo prendeu dois do grupo. Rumores inquietantes circulavam: Benedito prometia matar os cabeças do movimento, os guardas estavam armados com metralhadoras...

Após uma audiência no tribunal alguns meses mais tarde, os assentados descobriram que as concessões a Yoaquim haviam sido canceladas e que ele recebera ordens de retirar as guaritas e permitir livre acesso aos assentados. O tribunal podia declarar o que quisesse, pois nessas terras sem lei isso contava muito pouco, e pouco depois as casas dos assentados foram mais uma vez invadidas e seus pertences destruídos. Porém, desta vez, quando os matadores retornaram para completar o serviço, os assentados estavam preparados. Entremeada às novas invasões e incêndios, houve uma troca de tiros feroz, durante a qual os dois lados se machucaram. As posições foram firmadas e a guerra foi declarada.

Por alguns dias o caso passou por uma trégua inquietante, pois a situação era altamente explosiva, e era uma questão de tempo para que a violência irrompesse novamente. Yoaquim reforçou seus guardas, anunciando que ninguém teria permissão para atravessar suas terras e os guardas abriram fogo contra um ônibus Volkswagen que passava na estrada. Pouco depois vários assentados contraíram malária, e, quando tentaram chegar à cidade para comprar remédio, foram repetidamente alvos de tiros e impedidos de passar. Alguns dias depois retornaram com força total, e no confronto que se seguiu os dois lados sofreram danos e um dos guardas foi morto.

Era a desculpa que faltava para a polícia iniciar um reino de terror em Anapu. As casas foram invadidas, portas derrubadas, documentos confiscados, armas empunhadas. Prisões foram realizadas e pessoas foram surradas. O chefe de polícia regional anunciou que as guerrilhas de Dorothy haviam emboscado e matado um dos trabalhadores de Yoaquim, e ela foi acusada de incitar a violência. "Eu assumi uma liderança nesta situação", ela escreveu mais tarde, "pois é menos provável que eu seja prejudicada. Eu posso ser a voz do povo que de outro modo arriscaria ser preso ou pior. Eu posso me manifestar livremente."

A cidade continuava a sofrer sob uma série de selvagerias da polícia. A polícia prendeu um velho a caminho de casa voltando do trabalho, algemou-o e levou-o para Manduacari, onde queimaram sua casa juntamente com várias outras e tudo o que continham. Cinqüenta e cinco mulheres marcharam em direção à delegacia para uma vigília à luz de vela, mas foram reprimidas por vinte policiais fortemente armados.

Um advogado chegou à cidade e acompanhou padre Amaro à delegacia para inquirir se a polícia local tinha mandato de prisão e busca. Quando pediu a cópia dos documentos da polícia, disseram-lhe que não havia copiadora disponível. A delegacia se esvaziou e uma calma inquietante se estabeleceu na cidade. Todos, tanto em Anapu quanto em Manduacari, evitavam chamar atenção sobre si.

Uma audiência aconteceu na Câmara Municipal, onde Gabriel, do Sindicato dos Trabalhadores Rurais, testemunhou que os assentados tinham autorização do INCRA para permanecer na terra. Alguns dias depois a polícia invadiu novamente a área e queimou as casas. Na calada da noite, as guaritas de Yoaquim e algumas das construções em sua fazenda foram misteriosamente queimadas. Ninguém viu nada.

Uma segunda audiência aconteceu desta vez no tribunal agrícola de Marabá, e Dot foi convocada a responder às alegações de que fornecia alimentos e armas para as famílias em Manduacari. Ela replicou que tinha de fato entregado as cestas básicas do governo aos assentados, mas negou que os tivesse alguma vez encorajado a usar armas. Mas declarou que não se sentia confiante de pedir ajuda à polícia, pois considerava que esta estava do lado de Yoaquim. Foi uma acusação que o chefe de polícia local não esqueceria.

DESSE MOMENTO em diante, o foco das comunidades de assentados mudou de escolas e saúde, melhoria de estradas e transporte para a questão da terra — como obtê-la e como conservá-la. O assunto da reforma agrária foi levantado em 1994, antes de Anapu se tornar município, mas o INCRA não tinha recursos suficientes e fundamentalmente não tinha interesse de lidar com tal abacaxi. A equipe do INCRA se refugiava em promessas vagas que não levavam a nada, e enquanto isso uma quantidade contínua de famílias se mudava para o interior, onde não eram nem desafiadas nem apoiadas.

Em 1997 o Sindicato dos Trabalhadores Rurais e a Comissão Pastoral da Terra, liderados por Dorothy, deram entrada a um pedido junto ao INCRA para que disponibilizasse duas áreas para reforma agrária — 72 mil dos 500 mil hectares da área conhecida como Gleba Belo Monte para o Projeto Esperança, e 62 mil dos 210 mil hectares na Gleba Bacajá para o projeto a ser chamado Virola Jatobá (grandes áreas de terra na Amazônia são chamadas de glebas). Em lugar do modo tradicional de reforma agrária, estes seriam projetos de desenvolvimento sustentável (PDS) que combinariam agricultura sustentável com conservação da floresta e um tipo de propriedade comunitária da terra. O INCRA concordou com o pedido e Dorothy se ofereceu para fazer o que pudesse para registrar os nomes dos assentados em potencial.

As dificuldades eram imensas. Havia um complexo entremeado de pedidos de terras, muitas das quais tinham sido vendidas. Títulos tinham sido transferidos no cartório de Altamira, altamente suspeito de desonestidade e que mais tarde foi fechado. A terra era de difícil acesso e o levantamento não fora adequadamente feito. Continha também excelentes áreas de mogno, que valeria muito dinheiro para alguém. A combinação de poderosos interesses comerciais, camponeses famintos por terra e uma supervisão inepta do governo foram ingredientes para confusões, corrupção e conflito.

Mas a idéia de desenvolvimento sustentável era uma abordagem inteiramente nova para a reforma agrária, e levantava um interesse considerável entre alguns dos observadores da Amazônia, como Carlos Mendes. Como um jornalista que escrevia nos jornais de São Paulo e Belém, Mendes vinha cobrindo a questão de terras e em especial os conflitos de terra por mais de trinta anos. "Sou jornalista investigativo", ele diz, "o ramo mais difícil do jornalismo. Você examina as coisas e confronta grandes interesses econômicos — madeireiros, grandes proprietários de terra e grandes corporações. Este é um negócio perigoso aqui na Amazônia — sempre digo que o jornal deveria nos dar seguro de vida! Eu cubro conflitos de terra, trabalho escravo, comércio ilegal de madeira, invasão de terras indígenas e pirataria de minerais e madeira. Os cinco pecados mortais da Amazônia. Parte do tecido da vida de Dorothy.

"Ela organizava os assentados para a obtenção de terras — reforma agrária. No resto do mundo ninguém fala de reforma agrária — já aconteceu há muito tempo. Mas aqui no Brasil é ainda um assunto quente. E a irmã Dorothy, aos seus 73 anos, estava envolvida até o pescoço.

"Encontrei Dorothy a primeira vez quando ela trabalhava em Jacundá na década de 1980, mas só me interessei pelo trabalho dela por volta de 2002. Foi um dos períodos mais intensos da minha vida, porque, ao encontrar Dorothy, eu me vi frente a frente com uma energia, uma força interior e um idealismo que eram absolutamente cativantes.

"Ela era uma pessoa muito especial, pois sua idéia de reforma agrária era muito diferente da dos especialistas. Ela queria algo muito diferente. Não apenas a clássica reforma agrária, transferindo títulos de terra e abandonando os assentados. Digo sempre que a reforma agrária tal como é feita no Brasil é como fazer sopa de feijão usando somente feijão. Se você quer fazer uma sopa saborosa, você precisa acrescentar vários outros ingredientes. O governo apenas distribui títulos de terras, e pronto. Ele não dá aos assentados crédito ou estradas ou escolas, ou postos de saúde — ele não lhes dá uma vida de dignidade.

"E claro que Dorothy se chocou contra poderosos donos de terra, um tipo de gente gananciosa, perversa e retrógrada.

Querem a terra apenas para derrubar a floresta. Não entendem sequer os princípios de economia. Ganhariam muito mais dinheiro se a floresta continuasse de pé — vendendo crédito de carbono e utilizando os recursos naturais da floresta. No entanto, tudo o que querem fazer é cortar as árvores, plantar pasto e criar gado para exportação. Não há distribuição justa de riqueza. Na verdade é pior do que isso, porque eles ainda têm trabalho escravo nas fazendas de gado. Um peão pode trabalhar toda a sua vida ganhando dinheiro para o seu patrão, e quando chegar aos setenta anos não terá sequer direito a aposentadoria.

"Dorothy não se cansava de falar sobre seus projetos. Viajava sempre com uma pilha de documentos, gastos, manchados, velhos papéis amarrotados que entravam e saíam de dezenas de escritórios do governo, onde ela sempre ouvia a mesma resposta: 'Volte amanhã, Irmã Dorothy. Volte semana que vem'.

"Era assim que a tratavam — como se fosse uma ninguém. 'Espere aí fora', diziam — três horas, quatro horas, seis horas algumas vezes. Ela costumava procurar por mim quando vinha a Belém e me contava o que estava se passando em Anapu. 'Carlos', ela dizia, 'olhe isto.' E lá estava eu, um jornalista já cheio de ver tantos projetos, e me dizia, que tipo de projeto uma mulher de setenta anos pode ter inventado, por favor!

"Porque neste país, como sabe, há uma tendência de não valorizar a pessoa mais velha. De olhar ela como pessoa encostada. Mas a irmã Dorothy, com toda a sua vitalidade, quando disse que tinha um projeto, eu respondi: 'Muito bem, então, que projeto é este?'.

"Seu projeto era real. Uma genuína reforma agrária. Muito além da imaginação das autoridades do governo. A idéia era fazer o projeto sustentável. Não se tratava de derrubar tudo o que crescia e plantar pasto no lugar, como se fazia no sul do Pará, onde se dirige por horas e nunca se vê uma arvore de pé. A idéia era que os assentados utilizariam 20% de suas terras e deixariam o restante para reserva florestal. Eles seriam os proprietários da terra, mas, se quisessem partir, teriam de vendê-la para a associação. Dessa maneira a terra permaneceria com os pequenos proprietários e não seria engolida por grandes fazendas, como aconteceu em tantos outros lugares.

"E estava começando a funcionar. Não graças ao INCRA — era Dorothy e sua gente que estavam fazendo o projeto decolar. Verdadeiro desenvolvimento sustentável. Bom para as pessoas, bom para a floresta. Assegurando que a terra era produtiva. Essa tem de ser a maneira de ir adiante. É um modelo que pode ser exportado para todo o mundo, onde houver uma floresta de pé.

"Ela era uma visionária, sabe. Ela tentava preparar as pessoas para o que vai acontecer no futuro. Porque vai ser difícil, e ela via isso. Não que fosse uma vidente, ela era intuitiva. E energia? Eu costumava lhe perguntar de onde tirava sua força. E ela sempre sorria e dizia: 'Bem, Carlos, primeiro de Deus, e depois das pessoas. Do nosso povo'. Ela sempre se referia a eles assim. Não que fosse seu povo, mas ela era parte deles. E agora posso ver que ela tinha as suas prioridades bem colocadas. Creio que em uns vinte anos ela será lembrada por sua visão. Em vinte anos, quando a Amazônia tiver sido ainda mais destruída, quando as lutas pela terra forem ainda mais violentas do que agora, as pessoas irão lembrar e dizer: 'A irmã Dorothy estava totalmente certa'."

CATORZE

SUSTENTABILIDADE: O SONHO IMPOSSÍVEL?

FELÍCIO, O PROCURADOR DA REPÚBLICA, continua a contar a história. "A idéia em si era boa", ele diz. "E de início parecia que poderia funcionar. Mas então, em torno de 1999 ou 2000, a questão referente à hidrelétrica de Belo Monte ressurgiu. Era para ser a terceira maior no mundo. O governo só precisou anunciar e as pessoas vieram derramando-se sobre a região, a maioria do sul do Pará e do Maranhão. Primeiro os assentados e depois logo atrás os invasores de terra, comprando títulos de terra para todo lado. Não que a barragem fosse uma realidade — era apenas uma idéia e uma idéia doida. O projeto inteiro estava repleto de erros. Não teria gerado nem 10% do que tinha sido planejado.

"Mas, em todo caso, multidões de pessoas famintas vieram do Nordeste pela rodovia e a maioria delas foi parar em Anapu. E dirigiam-se diretamente para a pequena casa verde ao lado da igreja, pois sabiam que era a casa de Dorothy. De início ela fornecia comida para eles, pois viajavam havia dias e estavam esfomeados. Depois ela encontrava um local para dormirem — aquela pequena cabana no jardim, ou no salão da paróquia. Havia famílias vivendo ali por semanas a fio.

"Ela sabia que havia terra da União disponível a cinqüenta quilômetros da rodovia, e para lá ela os enviava. Em outras partes do Brasil, os sem-terra invadem as fazendas, mas aqui era o contrário — os menores chegaram primeiro. E Dorothy jamais enviava alguém para uma terra que já tivesse dono. Apenas para terra pública, terras que reverteram para o governo quando as concessões caducaram e foram extintas. Uma vez que estavam estabelecidos, chegava um grileiro com um documento na mão dizendo que a terra pertencia a ele. Não havia nada nela — nenhuma construção de fazenda, nenhuma casa, nenhuma cerca, nada. Apenas floresta virgem."

"Era uma situação impossível", acrescentou o colega de Felício, Ubiratan Cazetta. "De um lado o INCRA encorajava o assentamento do pequeno proprietário, e de outro lado a SUDAM financiava grandes projetos. Alguns dos assentados já estavam ali havia anos, e de repente eram expulsos por esses tipos que declaravam que tinham concessões datadas da década de 1970. O que era pior era que o INCRA sustentava suas reclamações, embora hoje a maioria esteja sendo julgada por fraude.

"E neste contexto alguns nomes apareciam com freqüência. Entre eles Regivaldo, conhecido como Taradão. Ele é sempre associado a agiotagem, embora eu não ache que ele pessoalmente tenha sido financiado pela SUDAM. Mas ele era unha e carne com muitos que foram, inclusive um grupo de políticos. Délio Fernandes, por exemplo. [Fernandes foi denunciado por invasão de terra nos lotes 56, 58, 60, 61 e 62 em Bacajá, mas um juiz local apoiou sua reivindicação da terra. Ele também era suspeito de haver roubado a SUDAM em 5 milhões de reais para um projeto fictício de cacau e gado.]

Na realidade, mesmo naqueles dias, em 2000, esse grupo era fonte de ansiedade para nós. Meu colega Felício e eu fizemos o melhor possível para que o INCRA fosse adiante com projetos de desenvolvimento sustentável, porque algo precisava ser feito com urgência pelas pessoas que viviam ali. Era o pior trecho de toda a Transamazônica. E havia Dorothy, lutando para conseguir uma vida melhor para as pessoas. Para evitar os erros que haviam sido cometidos no sul do Pará. Para assegurar que o desenvolvimento caminhava junto com a proteção do meio ambiente. Porque era perfeitamente possível. Ela via isso claramente. E o mais impressionante era que ela estava fazendo acontecer. Como um modelo de reforma agrária, era tanto legal quanto totalmente sustentável.

"Sempre me surpreendia como ela tinha a coragem de viver em uma região tão árdua. É realmente terrível. Quando chove, tem lama por toda parte, e quando é seco não tem nada além de poeira. Como ela podia estar vivendo ali havia tanto tempo e na verdade parecer gostar? E ela nunca estava parada. Em um momento estava em Belém, e então subia em um ônibus para casa sem ter noção do tempo que iria demorar, e na próxima semana estava aqui de volta. A energia desta mulher me enlouquecia! Eu não conseguia compreender, até que um dia fui a Anapu e entendi. Ela estava inteiramente satisfeita e feliz ali. Ela tinha encontrado a sua missão.

"Tudo era terra pública. Sim, tinha havido concessões, mas isso havia trinta anos, e a terra havia revertido para o Estado. Alguns desses antigos proprietários tinham registrado o título da terra, e alguns haviam vendido o lote, mas isso era totalmente ilegal. Não tinha ninguém vivendo ali. Então o INCRA decidiu estabelecer esse projeto sustentável — chamavam de

PDS — exatamente nesta terra, e declararam que qualquer título prévio era inválido. Mas, quando as pessoas começaram a chegar a esta área, o valor da terra começou a se elevar, e este tal de Taradão conseguiu um título para uma parte da terra. Falso, é claro. Vendeu para um homem do Espírito Santo chamado Bida, ele se mudou e começou a limpar a terra bem no meio do PDS Esperança. Enviou seu capanga Tato para ameaçar os assentados. O INCRA o processou, e o juiz disse que ele tinha de sair da terra enquanto o caso era julgado e os assentados poderiam continuar onde estavam. Mas é claro que ele se recusou a se mover, e o INCRA não podia obrigá-lo. A situação então ficou muito explosiva."

CARLOS, UBIRATAN E FELÍCIO eram fãs incondicionais de Dorothy, mas a conheciam havia muito pouco tempo, enquanto ela estava no olho do furacão. O padre Nello, o italiano rosado que trabalha com o Conselho Missionário Indígena, a conhecia havia muito mais tempo e tinha outra percepção.

"Encontrei Dorothy pela primeira vez em 1968, em Coroatá", disse, "e a conheci quando ela trabalhava na prelazia de Marabá, mas foi apenas quando se mudou para a Transamazônica que se dedicou inteiramente, de corpo e alma, à causa dos sem-terra. Foi uma total dedicação. Mas é claro que ela podia ser bastante irritante. No que dizia respeito a Dorothy, o sol se punha e se levantava para sua gente. Qualquer um que se aproximasse era laçado para ajudar. Tudo era para o povo de Dorothy, povo de Dorothy. Podia-se pensar que ninguém mais importava.

"Não sei de onde ela tirou esta paixão pela conservação. Todos os assentados em PA 150, todos do Maranhão, pensavam apenas em derrubar a floresta. Jamais sonharam em plantar uma árvore! E este projeto sustentável tinha sido idealizado pelo INCRA, mas nunca conseguiram que funcionasse. Foi Dorothy quem realmente fez pressão para isso. Ela realmente pensava que podia ser realizado. A natureza se tornou seu evangelho, poder-se-ia dizer. Amar a natureza, preservar a natureza, porque a natureza é vida.

"E ela vendeu a idéia aos assentados, de fato o fez. Quando você vai ao projeto e fala sobre Dorothy, eles lhe mostrarão uma muda e dirão: 'Veja, eu plantei esta árvore'. Estão colocando o evangelho dela em prática. Foi sua obstinação, acreditando nisso quando todos achavam que não ia dar certo. No final ela alcançou na morte o que nunca teria alcançado em vida.

"Ela trabalhava com pessoas que tinham uma mentalidade inteiramente diferente. E nunca rejeitou ninguém, pois dizia sempre que havia espaço para todo mundo, independentemente de quem fosse. Embora alguns deles tivessem lhe trazido apenas problemas. Mas ela sempre sustentava que eles deveriam ter uma oportunidade, e não os diferenciava. E esta foi a razão de sua queda. Ela deveria ter sido mais cuidadosa.

"As pessoas concordavam com toda a idéia, mas era ela que fazia as coisas acontecerem. Ela foi de um lugar para outro sem descanso pedindo por dinheiro, e convocando técnicos para ajudar. E o mais importante foi que ela conseguiu convencer as pessoas e o governo de que havia formas melhores de usar a terra. E foi então que os homens que a mataram perderam. Algumas vezes um projeto não funciona do ponto de vista de geração de dinheiro, mas muda a atitude das pessoas. Se serve para unir as pessoas e fazê-las pensar, então o esforço é justificado.

"Eles não precisavam tê-la matado, sabe. Se as coisas continuassem como estavam indo, duvido que o projeto tivesse funcionado. Se tivessem sido um pouco mais pacientes, ela teria sido vencida. Ela costumava dizer: 'Estamos perdendo'. Não que ela tivesse desanimado, mas ela não conseguia ver uma saída. Ela tentara tudo, e os assentados estavam desistindo. Mais um pouquinho e Tato teria vencido.

"Mas em vez disso foi Dorothy quem venceu. Eu não acho que tenha morrido em vão. Há uma nova consciência aqui. As pessoas estão mais comprometidas com o seu projeto, e penso que se sentem melhores a respeito dele. Eles sabiam que não estava certo continuar a destruir a floresta como faziam. Mas não sabiam o que fazer sobre isso.

"Ela tinha inúmeras belas qualidades. Tinha-se de admirá-la, uma missionária que vai além, que vai para o lugar o mais árduo de todos e começa a construir algo inteiramente novo. Mas algumas vezes ela era difícil de lidar. Sua obstinação — era como se sua gente fosse a única que importava, e esperava que todos se atirassem no trabalho e ajudassem.

"Mas ela me ajudou a compreender sobre a terra. Sobre todo o ecossistema. E sobre novas maneiras de cuidar da terra. Ela ajudou as pessoas a perceberem isso. Ela queria que elas tivessem uma nova visão da Amazônia, da floresta, das pessoas da floresta e de como trabalhar a terra. Não destruindo tudo, mas criando uma nova relação com a natureza. E criando um sistema que fosse um pouco mais justo. As pessoas compreendiam isso. Por isso choraram quando ela morreu."

Muitos dos assentados estavam tão desesperados por terra que, mesmo que achassem as idéias de Dorothy irreais, assinavam felizes por um lote de terra em um dos projetos PDS. Esses projetos haviam sido concebidos em 1997, em terra declarada improdutiva e, portanto, qualificada para a reforma agrária. Mas Dorothy sabia que os títulos de terra eram disputados e se preocupou em pedir ao INCRA para verificar se a área havia de fato sido desimpedida para os assentados se mudarem. Ninguém imaginava que o INCRA fosse demorar tanto tempo para responder, e os assentados ficaram cansados de esperar e resolveram à sua própria maneira.

Em janeiro de 1998, cinqüenta famílias se mudaram para uma área de terra não utilizada em uma das estradas do interior no PDS Esperança. Era o início da estação das chuvas e já estavam atrasados para o plantio, então se puseram a trabalhar com garra. Mas não demorou muito para que sua presença fosse notada. Policiais e "seguranças armados" visitaram as casas, informaram os ocupantes de que eram invasores, e lhes disseram que tinham de partir imediatamente. Mas daquela vez as pessoas se recusaram a ser intimidadas. Na Semana Santa, Dorothy mudou-se para lá para encorajar a resistência, e arrumou um advogado para intervir no caso. Por um tempo as famílias puderam permanecer na terra.

Mais tarde naquele ano os assentados enviaram uma delegação à Comissão Pastoral da Terra e ao Sindicato dos Trabalhadores Rurais em Anapu para pedir assistência técnica e apoio moral. Em fevereiro de 1999 a primeira reunião pública ocorreu em Anapu, para discutir a questão do PDS. Foi então que os assentados souberam que a terra estava sendo reivindicada por um homem chamado Genibaldo.

Em uma das cartas de Dot dessa época, ela comenta como a situação estava difícil, já que a SUDAM financiava projetos de larga escala em terras designadas pelo INCRA para o assentamento. Abrir processos era totalmente impossível, já que o tribunal mais próximo ficava a muitos quilômetros de distância, em Pacajá, e durante a época das chuvas — de janeiro a junho — a Transamazônica ficava freqüentemente intransitável. Os assentados se consolavam com a idéia de que, se não podiam sair, também ninguém podia entrar — até o dia, em maio de 1999, em que Dani Gutzeit, Charles Storch e Libério chegaram de avião para comunicar que tinham tomado a terra de Genibaldo e estavam implantando um projeto financiado pela SUDAM no lote 126. Os assentados disseram aos homens que iriam lutar por sua terra e que prefeririam vê-los no tribunal a negociar.

Nas semanas seguintes Dani voltou três vezes, oferecendo aos assentados dinheiro e emprego e tentando negociar; porém, apoiadas por seus advogados, as famílias permaneceram firmes e começaram a preparar a terra para plantar. Em novembro as coisas tinham se tornado graves. Dani voltou com cinqüenta homens armados para expulsar os assentados. Houve troca de tiros e muitos assentados abandonaram seus lotes. As autoridades nada fizeram. Duas semanas mais tarde as pessoas se mudaram de novo para a terra, mas Dani encheu a floresta de pistoleiros e muitos assentados partiram novamente. Das cinqüenta famílias originais, apenas doze permaneceram. Em março de 2000 Dani voltou mais uma vez, destruiu as casas e jogou semente de capim de rápido crescimento nos seus campos, tornando-os inúteis para o cultivo, e deixou pistoleiros vigiando.

Dani foi denunciado mais tarde pelo escritório de Procuradoria Pública por ter roubado a SUDAM em 9 dos 12 milhões de reais que tinha recebido para estabelecer empreendimentos produtivos em Altamira. O escritório da Procuradoria declarou que todo o processo de financiamento da SUDAM tinha sido fraudulento do início ao fim, e implicava um total de 58 pessoas como membros da chamada máfia da SUDAM. Dani testemunhou que, a fim de obter o financiamento, ele foi obrigado a pagar um alto suborno a Lionel Barbalho, irmão de Jader Barbalho, um ex-governador e senador estadual que foi depois removido de sua posição, mas sem jamais sofrer uma punição severa. Dani foi preso mais tarde pela Polícia Federal, mas recebeu *habeas corpus*, quando aproveitou a vantagem de sua dupla nacionalidade para se estabelecer na Suíça.

Em março de 2001, outra reunião aconteceu em Anapu para discutir o PDS. Os técnicos explicaram que esse projeto envolvia uma nova agricultura. Os métodos tradicionais de derrubar e queimar seriam substituídos por plantar na própria floresta, aproveitando a sombra, conservando o solo e plantando uma variedade maior de culturas.

No dia 12 de março de 2002, 31 pessoas reocuparam a terra em que tinham se estabelecido em 1998 e que depois fora disputada por Dani Gutzeit. Felizmente se precaveram recebendo a confirmação do INCRA de que a terra estava disponível para assentamento. Três dias depois cinco policiais apareceram, mas os assentados tinham seus documentos em ordem e já estavam construindo suas casas e dividindo a terra.

Encorajadas por seu exemplo, outras famílias se mudaram para lotes vizinhos, e, na ausência de uma demarcação oficial, marcaram suas próprias fronteiras.

Capangas trabalhando para Luis Ungaratti e Marcos Oliveira, conhecido como Marquinhos, apareceram então no PDS Esperança e expulsaram cem famílias. Marquinhos criou um esquema de assentamento particular e selecionou 6 mil hectares para investidores locais. Os assentados apelaram para o INCRA e em 2 de julho de 2002 o *ombudsman* agrícola veio a Anapu, com uma equipe do INCRA de Belém. O encarregado do INCRA de Altamira, Hugo Picança, prometeu revalidar a reivindicação dos assentados.

A batalha se arrastou. Em agosto de 2002, funcionários visitantes do órgão de proteção ambiental, IBAMA, foram amedrontados por matadores. Alguns lotes dos assentados foram invadidos e queimados. Árvores foram derrubadas ilegalmente e madeira foi discretamente despachada pelo rio. O INCRA foi solidário, mas não fez nada. A SUDAM financiou vários projetos, e os assentados enviaram uma delegação a Brasília para alertar o governo federal. Dot foi acusada de instigar a invasão de terras, mas o tribunal agrícola em Marabá confirmou que a terra em questão era improdutiva.

Em novembro de 2002 uma reunião foi realizada para criar oficialmente dois PDSs e aprovar o plano administrativo. Uma fotografia mostra Dot de camiseta branca, com os ombros caídos, mas um rosto desafiador. Ela celebrou o Natal com os assentados em Esperança e eles organizaram uma festa completa, com Papai Noel e tudo. O prefeito prometeu-lhes uma estrada no quilômetro 120 para melhorar o acesso aos PDSs, mas não conseguiu cumprir o prometido; então em janeiro de

2003 eles contrataram um trator e a construíram. Em 18 de janeiro os assentados de Esperança realizaram a reunião de criação de sua associação e três dias depois os assentados em Virola Jatobá fizeram o mesmo.

Nem todos os assentados potenciais estavam a favor dos PDSs. Uma petição foi enviada ao INCRA rejeitando a idéia, e documentos encorajando as pessoas a rejeitá-la surgiram por toda a área. Eles explicavam que nos PDSs os assentados não tinham o título da terra nem autonomia. Eles alegavam que não havia nada a extrair nas áreas designadas para uso extrativista, indicaram que nenhum estudo fora feito para verificar se a terra seria sustentável, declararam que não houve nenhuma consulta pública e que o INCRA não tinha conseguido ainda estabelecer um projeto que funcionasse, e acrescentavam por fim que o projeto era liderado por uma estrangeira que provavelmente defendia interesses internacionais. Esse apelo ao nacionalismo nunca deixou de funcionar desde a criação da Transamazônica.

Geraldo era um dos membros de um pequeno grupo que trabalhava intimamente com Dorothy em seus esforços de estabelecer os PDSs. Ele chegou à Transamazônica ainda menino, freqüentou uma das primeiras escolas criadas por Dorothy, formou-se como técnico agrícola, e depois voltou para trabalhar no projeto.

Ele descreve seus esforços de substituir a cultura de derrubar e queimar por uma forma mais sustentável de cultivo. "Esta foi a motivação da fábrica de frutas", diz ele. "Foi uma tentativa de ajudar as pessoas a permanecer na terra e tirar dela um sustento decente. Porque estavam começando a plantar pasto, e isso atraía o interesse dos fazendeiros. O que acontece é que uma vez que plantam pasto não podem mais cultivar suas culturas e precisam vender e seguir adiante.

"Como você sabe, demorou muito tempo para a fábrica se concretizar, mas finalmente conseguimos operá-la em 2001, e começamos a produzir farinha de banana. Trabalhávamos com 104 famílias para a produção das bananas, mas não conseguíamos as vendas e acabamos suspendendo a operação em 2003. Foi um trabalho duro. É muito mais difícil restaurar a terra do que preservá-la de início. Trabalhávamos com o conceito de agrofloresta, plantando bem no seio da floresta em lugar de abrir clareiras. Conseguimos mudas, e plantamos milhares de mognos e outras madeiras.

"Foi então que o governo começou a falar de grandes projetos como a hidrelétrica de Belo Monte, e isso criou uma enorme pressão na terra e levou a muitas aberturas de clareiras na floresta. Era a época das grandes migrações, quando a população do município dobrava de um ano para o outro. Começamos então a nos perguntar se estávamos nos arrasando para restaurar terras degradadas, por um lado, enquanto por outro lado havia toda aquela devastação. E se no final estávamos fazendo algum impacto... Porque do jeito que as coisas estavam indo, a área inteira iria acabar como uma gigantesca fazenda de gado.

"Então nós juntamos nossos esforços para fazer funcionar o PDS, e é claro que isso enfureceu os fazendeiros. Houve uma corrida para limpar a floresta para justificarem sua presença na terra. Ninguém podia entrar em Esperança. Estava cheia de grileiros e as pessoas estavam sendo mortas. Uma vez, quando o INCRA estava sobrevoando para verificar a abertura de clareiras na floresta, eles perceberam um carro na Fazenda Mercosul, e mais tarde descobriram que era a sede de uma gangue de policiais de Marabá que fazia assaltos à mão armada e contrabando de drogas. Descobriram que homens de negócios de Anapu estavam comprando terras bem no meio do PDS e abrindo clareiras na floresta. Era tudo uma grande bagunça. E, quanto mais tentávamos ajudar os assentados, mais inimigos fazíamos."

Em 30 de abril de 2003, o prefeito mostrou seu jogo. Uma moção de condenação foi aprovada pelo Legislativo Municipal de Anapu, declarando Dorothy Stang *persona non grata*. A irmã Dorothy vinha sendo uma ameaça para os pacíficos cidadãos de Anapu, cumpridores da lei, dizia o documento, desde a sua chegada à região, pregando idéias estranhas que claramente prejudicavam os pioneiros heróicos que haviam enfrentado as dificuldades e os perigos da Transamazônica. Junto à Polícia Federal e órgãos do governo, ela buscou expulsar os fazendeiros de suas terras e substituí-los por migrantes que eram submissos às suas manobras políticas, que iam de encontro ao progresso que a região havia alcançado a um preço alto. Além disso, em uma reunião do conselho legislativo ocorrida em 26 de abril de 2003, o povo de Anapu havia sem dúvida rejeitado a própria idéia dos projetos PDSs.

Em um artigo publicado no dia 4 de junho, Carlos Mendes descreve o PDS como um "modelo de assentamento capaz de transformar os assentados desiludidos que perderam a esperança de uma vida melhor em agentes de seu próprio futuro. A principal oposição vem dos madeireiros, comerciantes e grandes proprietários de terra, que sustentam que os PDSs são obstáculo ao progresso genuíno, apoiados por agentes de grandes potências estrangeiras que intencionam tomar a Amazônia". O entendimento de Carlos era de que esses projetos se mostravam ousados e inovadores em uma região onde a tradição era o incêndio e a motosserra: uma nova oportunidade para os migrantes que chegavam ao Pará nos últimos dez anos.

Apesar da imensa oposição, Dorothy continuava em luta. Em setembro e outubro, como resultado de sua persistência, uma equipe de inspetores foi trazida para verificar a situação nos dois PDSs. A equipe consistia de representantes do IBAMA, da Polícia Militar e agentes de fiscalização do meio ambiente, e eles chegaram em uma frota de carros com apoio de um helicóptero. Sua primeira descoberta foi uma pista clandestina para aviões, marcada com pneus pintados de branco para decolagens e aterrissagens noturnas. Grandes áreas de árvores haviam sido derrubadas, e uma área tinha sido aberta para colocar as toras no rio. Encontraram homens trabalhando com maquinarias pesadas, motosserras sem licença, armas de fogo e licenças florestais expiradas em nome de Zé do Rádio, um membro famoso do grupo de madeireiros ilegais conhecidos como a máfia do mogno. A operação foi fechada.

A equipe descobriu depois cerca de 30 milhões de metros cúbicos de madeira estocada próximo ao rio, uma abertura não licenciada de clareira em terra que pertencia a Délio Fernandes e ao prefeito João Paraná, e derrubada não autorizada de árvores em terras designadas para os PDSs. Descobriram que tudo isso tinha sido ordenado por Taradão, que era também suspeito de tráfico ilegal de animais e peixes. Os inspetores retornaram com reforço policial e maquinaria pesada e rebocaram o equipamento madeireiro.

Tornava-se cada vez mais claro que, se os assentados não ocupassem logo a terra, não sobraria floresta. Em novembro, Geraldo se mudou para Esperança com quinze colonos e construiu um pequeno assentamento de casas toscas. Os agrimensores do INCRA começaram a trabalhar na mesma época, mas, quando foram confrontados por homens armados, fizeram uma retirada estratégica.

Em junho de 2004 Dorothy foi convocada para ir a Belém defender-se das acusações de que estava armando e abrigando um grupo de assentados, e depois de dois assassinatos em um espaço de 24 horas a Polícia Federal foi enviada ao PDS Esperança. Quatro assentados foram presos e passaram seis meses na prisão. O prefeito testemunhou que a região estava cheia de migrantes procurando trabalho, terra e riquezas, que a população de Anapu tinha triplicado em três anos, e que havia 34 firmas madeireiras na cidade. Anapu era um dos municípios mais pobres do estado, com apenas um médico, sem televisão e um sistema de telefonia precário. "O fato é", ele disse, "que Anapu foi tomada por bandidos. Este era um local pequeno e tranqüilo, mas nos últimos dezoito meses o lugar foi tomado por criminosos."

Em outubro, Dot soube que um pistoleiro chamado Tufi tinha sido contratado por Yoaquim Petrola para matá-la. A única razão para não tê-lo feito foi um desacordo nos termos do contrato.

Em seu relatório anual, *Violência no campo 2004*, a Comissão Pastoral da Terra publicou o nome de 160 pessoas por todo o Brasil ameaçadas de morte em conexão com conflito de terra. Quarenta delas estavam no estado do Pará. Os preços variavam segundo o alvo: 5 mil reais para o líder de um assentamento, 8 mil reais pela morte de um pistoleiro, 10 mil reais por um membro de sindicato, 15 mil reais para um consultor jurídico local, e 20 mil reais para um padre.

Dois alvos eram listados como valendo substancialmente mais, e o segundo na lista, com o valor de 50 mil reais, era a irmã Dorothy Stang.

QUINZE

O ANJO DA AMAZÔNIA

ENTÃO QUEM ERA ESTA MULHER, Dorothy, que criava confusão com as autoridades locais e os grandes proprietários de terra? Que era amada e respeitada por muitos e conhecida por alguns como o anjo e por outros como o diabo da Transamazônica?

Havia indícios na pequena casa em Anapu que ela compartilhava com um elenco sempre mutável de irmãs, amigos e visitantes. Uma casa simples de madeira com uma pintura esverdeada esmaecida protegida por uma pequena cerca de estacas. A porta da frente leva a um pequeno cômodo que abriga uma coleção de cadeiras amarradas com plástico, um velho aparelho de televisão e uma estátua da Virgem Maria rodeada de velas. À direita é o entulhado quarto da irmã Jane, onde ela guarda várias caixas cheias de documentos e livros. Eles inundam todo o espaço disponível; um computador de mesa quase não é visível a um canto, e a única forma de dormir é em uma rede que ela pendura.

Na cozinha há uma mesa, banquetas, um banco sob a janela, um pequeno fogão a gás, um conjunto de panelas velhas e uma pia — nenhuma geladeira. Do lado de fora da cozinha existe um pequeno banheiro com um chuveiro elétrico e um cubículo com um vaso sanitário. Um segundo quarto é compartilhado por duas jovens irmãs brasileiras, que dormem em redes e guardam seus pertences de forma arrumada nos cantos. A porta seguinte é o quarto de Dorothy. As paredes estão pintadas, surpreendentemente, de lilás; a moldura das janelas é verde e o chão de cimento é amarelo. Não há vidros nas janelas, mas, ao contrário do resto da casa, elas são protegidas por grades de ferro. Sobre uma mesa perto da porta há um telefone e uma máquina de fax. Uma rede está esticada sob um fio usado para pendurar a batina do padre. Alguém na casa deve cuidar para que suas roupas estejam passadas para a missa de domingo.

A cama, com suas molas frouxas, está encostada na parede, com um mosquiteiro bem amarrado sobre ela. Há uma estante cheia de livros, papéis e tesouros: uma fotografia em preto-e-branco de Henry e Edna, uma tecelagem peruana, flores de plástico, um terço, um crucifixo; um busto de barro tosco de uma mulher rezando, um sino indiano, uma imagem da Anunciação. E uma bolsinha de estimação de veludo com um coração cor-de-rosa feito de pedra transparente com a inscrição "A você, minha amiga, ofereço meu coração/ Para mantê-los unidos quando/ estivermos separados/ Para levar sempre com você/ Nesta pequena bolsa reside meu coração". Fotos estão empilhadas junto aos livros: Deepak Chopra, *A cura quântica*; *Violência e grilagem*; *A vida religiosa*; Tomás de Aquino; *Os poderes que dominam*. Um guarda-chuva está encostado na parede junto a uma sacola de pano com mapas. Há papéis por toda parte, enfiados em caixas de papelão, empurradas para debaixo da cama e empilhadas contra a parede.

Do lado de fora, altas mangueiras abrigam o chuveiro externo e a mesa com suas grandes bacias de plástico para lavar roupas, e há um entrelaçado de cordas de varal esticado aleatoriamente pelo pátio. Um barracão transbordando com mais tralha — caixas, trouxas, uma bicicleta enferrujada — serve como local de depósito e abrigo de emergência onde as pessoas podem pendurar suas redes. Um portão de madeira leva à igreja e, além, para o salão da paróquia, batizado em honra ao padre Josimo, assassinado durante conflitos de terra em Goiás há vinte anos. Possui um chão de cimento, uma pequena cozinha, dois freezers velhos e uma área externa telhada. Mais adiante há uma pequena casa que é usada como quartel improvisado para o Batalhão da Selva, enviado para manter a lei e a ordem. Soldados jovens com coletes do exército patrulham a rua empoeirada.

Depois da casa das irmãs fica a casa dos padres. Uma grande varanda na parte de trás, com duas pias e um bebedouro, compõe um local agradável para reuniões, embora com a chegada da noite os mosquitos abundem em volta dos vasos de plantas que alguém colocou no alto da parede. Durante o dia, quando os dois cães bravos de vigia estão presos, os meninos entram sorrateiros para colher abio e acerola do jardim dos padres, mas depois que escurece os cachorros ficam soltos e ninguém se atreve a desafiá-los.

Padre Amaro é o padre da paróquia; ele tem trinta e muitos anos e já está engordando — o que é fácil de acontecer neste clima enervante, onde é duro se exercitar e a dieta é de amido. Padre Amaro gosta de usar chapéu afro e se modela pelo mártir negro padre Josimo. Como Josimo, seu nome aparece proeminente na lista dos ameaçados de morte nestas paragens, e a prelazia tenta assegurar que ele nunca viaje sozinho. Uma vez, quando estava no interior, pegou carona com um estranho que lhe disse que estava procurando por "aquele padre negro terrorista". Amaro ficou quieto, mas, quando chegou ao seu destino, os moradores do vilarejo correram para ele exclamando: "Onde você estava? Estávamos preocupados com você, padre".

"Dorothy?" Seus olhos se enchem de lágrimas. "Eu a encontrei em 1989. Era seminarista em Belém e ela financiou a vinda do meu grupo para Nazaré. Pagou do próprio bolso. E o que me chamava a atenção era sua simplicidade. Era Dia do Agricultor, e lá estava ela de pé às 6h30 fazendo os preparativos...

"Todos falavam sobre Dorothy. Dorothy era um mito, Dorothy era uma bruxa, Dorothy era uma santa, Dorothy era um diabo e eu me recordo de pensar: 'O que está se passando aqui?.

"Ela respeitava a Igreja — oh, sim. Mas ela era sempre Dorothy, unicamente Dorothy, uma Dorothy que nunca tinha medo de se manifestar onde estivesse. Ela não mudava seu tom diante do bispo, diante de ninguém. Ela sempre se mantinha fiel à sua posição. Sempre buscava o bom nas pessoas. Ela costumava dizer que por pior que fosse uma pessoa, havia sempre algo de bom escondido em algum lugar."

As pessoas que a conheciam concordam que a vida de Dorothy girava em torno de Deus, das pessoas e da terra. Ela não era uma freira do tipo "angelical", e não enfiava a religião goela abaixo das pessoas. Mas ela tinha uma fé profunda de que seu Deus iria compreendê-la. Nelda, a irmã brasileira que estava com ela durante seus últimos dias, perguntou uma vez a Dorothy como ela rezava. Dorothy sorriu para ela. "Nelda", ela disse, "eu acendo uma vela e olho para Jesus carregando sua cruz e peço força para carregar o sofrimento das pessoas."

"Ela era uma lutadora", diz Alci, um ex-postulante, que agora ajuda a coordenar o Comitê Dorothy, formado para realizar o trabalho que ela deixou. "E ao mesmo tempo era muito calma. Acho que sua personalidade era mais perturbadora do que se ela fosse um desses agitadores sempre fazendo discursos públicos. Determinação? Eu me lembro de todas aquelas visitas que ela fez aos órgãos do governo. Eles eram sempre muito educados: 'Bom dia, Irmã Dorothy, como vai você, o que podemos fazer por você hoje?'. Mas eles a faziam esperar por horas a fio. Ela simplesmente esperava ali, pacientemente examinando seus papéis.

"Lembro-me de uma vez em que ela foi ver o presidente do INCRA e ele se recusou a recebê-la. Ela disse que não iria embora sem antes falar com ele. Ele não a atendia e ela não ia embora. No final do dia, todos saíram do prédio e ela passou a noite ali. O segurança a deixou dormir no sofá. Nenhum de nós tinha idéia de onde ela estava, estávamos mortos de preocupação. Sabíamos que eles estavam atrás dela. Foi o advogado da Comissão Pastoral da Terra, Jerônimo, que a encontrou, às sete da manhã. Sentada ali, fria como um pepino, tomando café, e esperando o presidente chegar. Ela era esperta, sim senhor. Mas o mais impressionante era sua ligação com as pessoas."

Todos achavam o mesmo. "Eles confiavam nela completamente", continua Alci. "Porque ela se dedicava a eles de corpo e alma. Viajava por quilômetros para visitá-los, pegando carona se precisasse, ou indo a pé. Chegava coberta de poeira, com lama nos sapatos, shorts largos, uma camiseta com motivo da Amazônia, um boné de beisebol e uma mochila nas costas."

"Ela nunca deixou de acreditar que as pessoas com quem trabalhava eram as pessoas certas", diz Rita, da universidade.

Dorothy disse uma vez à irmã Liz: "Tenho de estar com estas pessoas. Se isto significar minha vida, quero dar minha vida".

"Tudo o que ela queria era ver as pessoas felizes", diz irmã Maria. "Felizes e estabelecidas na terra. Queria que vivessem vidas dignas. Ela queria compartilhar seu amor pela terra — pela Mãe Terra, que nos sustenta."

Assim como foi acolhida nas casas mais pobres, fez questão de manter sua porta aberta e com um lugar à mesa. "Nossa comunidade que vive em Anapu é baseada na família", escreveu. "Recebemos calorosamente quem chegar e cuidamos das necessidades que trouxerem sejam elas quais forem. Algumas vezes eles vêm da nossa área rural para sentarem-se à nossa mesa comunitária, algumas vezes os acomodamos em redes para que possam passar a noite. Somos hospedados em suas casas e é natural que sejam hospedados nas nossas."

Padre Nello ficava enlouquecido. "Ia-se à casa dela e não havia lugar para nada", lembra rindo. "Estava sempre lotada de gente. E ela olhava para você com aqueles olhos azuis e dizia: 'Preciso cuidar do meu povo'."

Dorothy considerava isso parte da sua missão. "Viver, comer e beber, compartilhar com nosso povo nos desafia constantemente a fazer todo o possível para ajudar a promover mudança", escreveu, relembrando seu trabalho com os mais pobres. E continuava dizendo que, se fosse para viver verdadeiramente o evangelho da Notre Dame, sua consciência lhe exigia que se colocasse de todo coração ao lado de sua gente. E uma de suas principais preocupações era com as mulheres e as crianças. Antônia, uma ativista de Altamira, diz que sem Dorothy as mulheres da região jamais teriam encontrado sua voz. Nivalda concorda. "Sua verdadeira missão era com as mulheres", declara. "Mulheres e crianças. Ela queria que fossem livres e iguais e capazes de dirigir a própria vida. Agora, ouvimos apenas sobre Dorothy, a mártir da floresta, Dorothy dizendo que não se deve nunca derrubar uma árvore. Mas não era assim. Ela queria que as pessoas cuidassem da terra como cuidavam de suas crianças. Ela sentia que as mulheres compreenderiam isso."

Não que ela não soubesse como se divertir. Quando ia para os Estados Unidos, nada era melhor do que assistir a um jogo de futebol americano com uma cerveja gelada na mão, e no Brasil ela gostava de caipirinha, a combinação potente de limão fresco, açúcar e cachaça. Ela adorava sorvete, tinha uma queda por manteiga de amendoim crocante e era famosa por suas panquecas — embora mais para o final, como concorda a maioria, elas tenham se tornado um pouco indigestas por causa de sua paixão por ingredientes naturais. Adorava nadar no rio, pular no selim de uma moto e ir para a floresta, dançar forró, vestir seu vestido de girassóis amarelos e ir a uma festa. Ela pintava suas próprias camisetas e adorava pintar quadros, e uma vez pintou flores brilhantes sobre uma mancha em uma saia de Becky.

Adorava estar com as pessoas. Era uma educadora nata que dava autonomia às pessoas e poder para se responsabilizarem por suas vidas, uma organizadora de comunidades de base e uma pensadora criativa. Ela inspirava as pessoas a sonhar, a planejar, a testar seus limites, e, se não eram bem-sucedidas, ela as ajudava a tentar novamente. Maria a descreve como uma líder natural, e chama a atenção para o fato de que, mesmo em uma sociedade machista, os homens a admiravam imensamente. Eles escutavam o que ela dizia, aceitavam muitas de suas idéias, e a persuadiam inclusive a mudar algumas de suas opiniões. Gabriel, do sindicato, discordou dela sobre uma questão de envolvimento político, dizendo que todas as escolas e postos de saúde no mundo não poderiam ser construídos sem fundos e que os políticos é que seguravam a carteira. Dorothy ouviu-o de maneira polida e então deu uma risada e lhe disse que estava com a razão. Mas, quando Dorothy disse aos assentados que não deveriam pegar em armas, eles não lhe deram ouvidos.

Alguns a consideravam esperta e experiente; outras a chamavam de ingênua. Ela acreditava sempre nas pessoas e confiava nelas, talvez mais do que devesse. Vivia uma época perigosa, em um lugar perigoso, e, quando se tratava de proteger suas terras e seu sustento em uma situação em que não podiam contar com ninguém exceto eles próprios, os assentados não iriam se restringir a uma resistência passiva. E Dorothy estava quebrando todos os tabus ao denunciar os invasores de terra pelos nomes. Como mulher e estrangeira ela estava trilhando solo perigoso.

Ninguém conseguia ser indiferente a Dorothy. Para Felício, o promotor federal que lutava no escritório da Promotoria Pública para mudar a cultura da impunidade, foi amor à primeira vista. Um dos assentados descreve o que sentiu quando Dorothy morreu: "Como um rio seco, como uma floresta sem árvores". Alci fala de sua energia contagiante, que tocava a todos. Sua amiga mais antiga, Joan, escreveu: "Todos nós conhecemos o movimento de Deus na vida da irmã Dorothy. Seu amor por Deus e por sua gente, sua reverência pela floresta, os animais, os pássaros, a vida que a floresta nutre apropriou-se dela de tal maneira que sua única preocupação era a segurança das pessoas e a preservação da floresta".

Sua compreensão da natureza remonta à infância, aos dias em que costumava trabalhar na horta em Markey Road e fazer caminhadas com seu pai em busca de cogumelos selvagens. Quando se mudou para o Pará, pensava na terra em seu potencial de nutrir a vida das famílias migrantes. Mas, depois de testemunhar os efeitos devastadores da agricultura de derrubada e queimada e ver como primeiro a floresta e depois a própria terra tinham sido destruídas, ela chegou a uma nova compreensão de como as pessoas deveriam viver na floresta. Estudou a teologia de criação, conversou com centenas de ambientalistas durante a Cúpula da Terra, e sofreu diante da devastação sem sentido da maior floresta da Terra e o legado de sofrimento humano deixado em seu rastro. E aqui ela bate de frente com os madeireiros e fazendeiros, que se vêem como pioneiros audaciosos criando riqueza e emprego.

"Ela encontrou muita oposição e muita crítica", diz Becky. "Dos fazendeiros e das autoridades, é claro. Mas também do bispo, dos padres e das irmãs. Magoava-se. E ela passou momentos difíceis com isso. Com a crítica da Igreja e dos homens. Ela precisava da aprovação dos homens. Creio que vinha da relação com seu pai. Precisava de aprovação, e sentia-se magoada quando não conseguia."

Depois de sua morte, uma revista chamada *Hoje*, publicada pelos grandes proprietários de terra em Altamira, a descreveu como uma criadora de casos que dirigira uma invasão de terra em 1970 e que depois viera para Anapu, onde apareceu em cena como uma mártir em defesa dos indefensáveis PDSs. Mas os editores da revista estavam preocupados também com todos os fatores desconhecidos associados à sua morte. "[...] Uma análise cuidadosa revela um alto grau de conspiração, onde a imaculada religiosa serviu de bode expiatório para que seu sacro sangue justificasse os interesses espúrios, do PT, Igreja católica e ONGS estrangeiras", declara o autor, acrescentando que o governo federal falhou para com os cidadãos ao não dar a devida atenção ao que Dorothy estava fazendo em termos da situação da terra. Uma vez que ela tomou para si o trabalho dos órgãos do governo, IBAMA e INCRA, o resultado estava escrito nas estrelas. Ela recusou inclusive a proteção policial. "Será que ela defendia interesses legítimos", especula o autor, "ou tinha medo de ser vigiada por autoridades militares e estes descobrirem o que havia por trás do morto eclesiástico?"

O sindicato dos madeireiros a acusou de "instigar conflito na região há vinte anos e que pretende implantar um projeto de agro-extrativismo vegetal sem estudo de viabilidade para facilitar a biopirataria, já que trabalha para uma instituição norte-americana."

Mas, apesar de qualquer discordância interna, as irmãs de Notre Dame apresentaram uma frente unida em defesa de Dorothy. "Ela era uma mulher forte", diz sua melhor amiga, Joan, sorrindo ao acrescentar: "mas algumas vezes muito obstinada. Ela tinha uma voz suave que ecoava pelas salas dos escritórios do governo e ricocheteava nas árvores gigantescas da floresta, a mesma voz suave que podia apaziguar um coração dolorido e assegurar às pessoas que Deus as amava. Dot tinha uma mente que podia compreender as leis da reforma agrária, a complexidade da agricultura sustentável, o impacto da destruição da floresta no mundo agora e no futuro, e a esperança e convicção de que uma voz podia fazer diferença".

Marlene de Nardo, que ensinou a Dot sobre a teologia de criação, acrescenta que seu sorriso "parecia falar de sua incrível esperança e crença de que se você ou eu tivéssemos conhecimento desse problema, com certeza todos nós faríamos alguma coisa para transformá-lo. O rosto sorridente de Dot podia certamente ser perturbador e desafiador. Como se responde a tal convicção, total radiância e transparência?". Ela se refere também à "determinação e absoluta simplicidade" de Dot, que alguns atribuíam a ingenuidade, e comenta que foi esta qualidade de determinação que a tornara intrépida.

A irmã mais velha de Dot, Mary, lembra da última vez em que se viram, no verão de 2004. Dot mostrava à sua irmã recortes de artigos de jornal que a acusavam de vender munição. Mary sustenta que Dot nunca teve dinheiro para armas nem sabia como manejá-las. A segunda irmã de Dot, Norma, não a via desde 1999, mas se falavam sempre ao telefone. "Minha irmã era durona", declara. "De outro modo não teria sobrevivido tantos anos e realizado o que realizou. Ela morreu fazendo o que amava. Quantas pessoas na vida podem dizer o mesmo?" A gêmea de Norma, Maggie, diz que as pessoas à volta de Dot estavam devastadas. "Elas não queriam uma mártir, eles a queriam viva." David chama a atenção que "ela não era de jeito nenhum uma irmã piedosa e doce retirada em uma vida de contemplação e oração. Ela era durona, esperta, muito política. Foi precisamente seu trabalho pelos pobres que a matou. Não era uma freira comum. Ela era como um rolo compressor".

Uma maneira de conhecermos Dorothy é através de suas cartas enviadas aos inúmeros amigos e à grande família. Elas assumem a forma de um diário, contando os eventos do dia-a-dia, escritas à mão em sua letra inclinada em papel A4. O tom é quase sempre otimista, minimizando as dificuldades e os perigos que enfrentava.

Dialogando com Bobby em 2003, em resposta a um pedido de reflexão pessoal sobre a vida no Brasil, ela escreveu: "Aprendi que a fé o sustenta. E aprendi também que três coisas são difíceis: 1) ser levada a sério como mulher na luta pela reforma agrária, 2) manter-se fiel à crença de que estes pequenos grupos de assentados pobres terão sucesso em organizar e realizar sua agenda levando-a adiante, e 3) ter a coragem de entregar sua vida em uma luta pela mudança".

Em um artigo para a revista *Outside*, em 2003, Dorothy reconhece o perigo, mas ri dele, dizendo: "As companhias madeireiras trabalham com uma lógica de ameaça. Eles elaboram uma lista de líderes e então um segundo movimento surge para eliminar essas pessoas. Se eu receber uma bala extraviada, saberemos exatamente quem atirou".

Porém, mais tarde, como que para se tranqüilizar, ela disse: "Eles nunca terão coragem de matar uma velha como eu".

DEZESSEIS

UMA MORTE ANUNCIADA

A ESTA ALTURA DOROTHY tinha vivido tempo bastante na América Latina para conhecer o ritual da morte anunciada: a fofoca nas esquinas, as insinuações, as ameaças vagas; tentativas isoladas e criminalização da vítima; acusações de fuga diante do progresso, de encorajar a invasão armada, de prover alimento e armas para os assentados. A Câmara Municipal de Anapu a declarou *persona non grata*, assegurando assim que a maioria da população que dependia de uma forma ou de outra de empregos e benefícios oferecidos pelo município não ousaria apoiá-la. A notícia correu: de que ela estava interferindo com os negócios do governo, que ela meteu os pés pelas mãos, que ela não se comportava adequadamente como uma freira.

As pessoas declararam que não queriam ter nada a ver com os PDSs e alguns pediam sua expulsão.

"Ela sabia, é claro", disse uma das irmãs. "E com o passar do tempo estava ficando um pouco desanimada." Na última visita de Dot a Ohio, no verão de 2004, Liz observou que, "apesar de seu bom humor, ela parecia carregar todo o peso da floresta amazônica em seus ombros". Sua velha amiga Joan disse que pela primeira vez Dot parecia desanimada: "Seus ombros estavam caídos e ela me disse: 'Estamos perdendo a batalha'.". A irmã Virginia lhe disse: "Eu não agüento pensar que você vai retornar ao Brasil, porque não é uma questão de se você vai ser assassinada, mas de quando".

As irmãs estavam bastante preocupadas com ela e discutiam, inclusive, a possibilidade de ela deixar o Brasil por um tempo. Mas é claro que ela não queria. Em público ela se mostrava corajosa, dizendo: "Quem mataria uma velha freira como eu?", e dizia às irmãs: "Não posso me preocupar com o perigo. As pessoas é que são importantes".

Mas os riscos eram óbvios para seus irmãos David e Maggie, quando a visitaram, em um impulso, em dezembro de 2004, e descobriram o preço por sua cabeça. "Em todo lugar a que íamos, as pessoas lhe diziam para ter cuidado", lembra David. "As pessoas a abraçavam como se fosse a última vez." Ela continuava a falar sobre como as pessoas estavam destruindo a floresta e ninguém fazia nada a respeito para interromper isso. "Eu acho que ela sentiu uma nova urgência."

Pouco depois, a cidadania brasileira de Dot foi liberada. Talvez ela tenha achado que isso iria protegê-la.

Sua fé nas autoridades a fizeram denunciar os grileiros e os madeireiros muitas vezes, construindo dessa maneira para si uma coleção de inimigos poderosos: Luis Ungaratti, Délio Fernandes, Marcos Oliveira, Yoaquim Petrola, Taradão, e talvez até mesmo pessoas mais influentes, como a família Barbalho. Eles eram donos de um dos dois jornais de Belém, controlavam a cidade industrial de Ananindeua e estavam metidos em muitas coisas.

Dorothy, com freqüência, foi até as autoridades com os nomes e as datas, denunciando invasão de terras e extração ilegal da madeira para o INCRA, o IBAMA, o Estado, a Polícia

Federal e a Procuradoria da República. Escreveu ao secretário estadual do Bem-Estar Social descrevendo o clima de guerra em Anapu e como conseqüência de sua denúncia alguns dos madeireiros foram pesadamente multados.

Ela foi convocada pela polícia para testemunhar no caso da Fazenda Rio Anapu. Os assentados acusaram um bando de matadores de tentar expulsá-los de suas terras, enquanto Yoaquim Petrola de Melo, que também declarava ser dono da Fazenda Manduacari, afirmava que sua propriedade havia sido invadida pelos homens da irmã Dorothy. No tiroteio que se seguiu, seu empregado, Moisés Andrade, foi morto, e sua morte desencadeou uma série de acusações contra a irmã Dorothy. Ela apoiava a invasão. Ela havia fornecido alimento aos invasores. Ela provia armas. Ela teria de responder por isso no tribunal.

Ela foi fortemente defendida por seus amigos e apoiadores. O procurador da República Felício enviou uma nota ao secretário estadual de Bem-Estar Social pedindo que fosse dada proteção policial a Dorothy. As irmãs em Ohio escreveram uma carta de apoio declarando que as acusações contra ela eram absurdas e falsas e que ela não teria jamais encorajado a violência. Em junho de 2004 ela foi premiada com o título de Cidadã Honorária do Estado do Pará, e seis meses depois recebeu o prêmio da Comissão de Direitos Humanos da Ordem dos Advogados do Brasil.

"Estou ameaçada de morte pelos fazendeiros e invasores de terra", ela reportou. "Eles têm a ousadia de me ameaçar e de exigir minha expulsão de Anapu. E apenas porque eu clamo por justiça."

Enquanto isso a situação em Esperança se deteriorava a cada dia. Os assentados continuavam a viver em estado de terror. Casas eram queimadas, os campos eram arruinados, e algumas famílias desistiram e foram embora. Dorothy estava imprensada contra a parede, mas continuava a lutar, enviando um sem-fim de protestos para as autoridades locais, estaduais e federais. O governador do estado, Simão Jatene, foi informado da situação explosiva em Anapu, mas nem respondeu à carta nem confirmou o recebimento. Desatenta à sua segurança, Dorothy continuou a citar nomes. Um deles foi Bida, que chegara recentemente a Esperança, declarando ser o proprietário de vários lotes dentro do PDS, dizendo tê-los comprado de Taradão. Foi seu capanga, Tato, o responsável por queimar a barraca de Luís. Dorothy deu ao secretário federal de Direitos Humanos uma relação das pessoas em Anapu ameaçadas de morte: padre Amaro, Chiquinho, do sindicato, Gabriel, e a própria Dorothy.

Ao mesmo tempo, entre um pequeno círculo de pessoas em Altamira corria o comentário de que alguma coisa precisava ser feita com relação a Dorothy. Ninguém sabe exatamente quem formava o grupo que se reuniu uma noite de janeiro de 2005 em um hotel em Altamira para discutir o assunto. Se sabem, não dizem. Nomes foram sugeridos discretamente, de maneira indireta. Nomes como Luís dos Reis Carvalho, o prefeito de Anapu. O prefeito de Porto de Moz. Délio Fernandes, Luis Ungaratti, Yoaquim Petrola, Taradão, Bida. Ninguém sabe ao certo, mas as notícias chegaram às ruas. Alguém ouviu alguém falando em um bar. Os dias daquela mulher estavam contados.

Destemida, Dorothy entregou uma carta ao chefe da polícia do Pará, Luís Fernandes, declarando que Bida e Tato ameaçavam os assentados em Esperança, e mais tarde naquele dia ela participou do lançamento do Programa Nacional de Proteção à Testemunha e falou com o secretário federal de Direitos Humanos, Nilmário Miranda.

DOROTHY VIVERA momentos de perigo antes. Tinha ficado escondida na floresta em diversas ocasiões e uma vez se protegeu atrás de um caminhão quando sofreu uma emboscada. Mas no fim de semana em que alguém planejou matá-la, ela não estava em Anapu. Era Carnaval e ela estava em Belém.

Estava hospedada com as irmãs em sua pequena casa quente de madeira em Guamá, uma área muito pobre da cidade. Em Belém essas áreas são chamadas de baixadas, mas em outras cidades no Brasil são favelas. Entra-se em uma rua movimentada que leva para fora da cidade, na direção das margens do rio Guamá e do campus da universidade federal. As calçadas são quebradas e esgotos abertos escorrem ao longo da via. Quando chove toda a área fica submersa, e, embora as pessoas jurem que não há malária ali, é um bom lugar para se contrair dengue.

As irmãs pintaram sua casa e plantaram flores. Um aviso fincado no canteiro diz "POR FAVOR, NÃO JOGUE LIXO", mas ninguém presta atenção. As ruas são cheias de sacos plásticos, frutas podres, cocô de cachorro, e pior — o barulho nunca cessa: crianças chorando, pessoas falando, gritando, rindo, brigando sempre a pleno volume; carros e motos passando ruidosos; tiroteio algumas vezes. Na esquina tem um ponto de venda de drogas, mendigos param para pedir um pouco de café ou comida na janela das irmãs, e as crianças acenam quando passam a caminho da escola.

A mesa da cozinha está coberta com um tecido plástico transparente, e há um pôster na porta que diz "Reforma Agrária Agora!". Cartazes escritos à mão estão pendurados na parede: "SEJA BEM-VINDO!", "VOCÊ É ESPECIAL PARA NÓS.", "COMO É BOM O BOM DEUS!". Há um pequeno fogão a gás, um armário barato de madeira pintado de azul, uma velha geladeira e uma prateleira com canecas penduradas embaixo. Um espaço pequeno atrás da pia abriga uma velha máquina de lavar, que não é usada com freqüência, e leva ao pátio, onde duas pias de concreto são usadas para lavar roupa, e as roupas são penduradas para secar em uma série de fios. O cômodo que leva para o jardim tem algumas mesas de colégio, uma estante de livros e vários ganchos de rede, e uma estreita escada em espiral leva para a capela e um pequeno quarto com três camas estreitas enfileiradas. Na casa principal, uma escada íngreme de madeira leva a dois quartos pequenos e a um escritório com um computador com teclas pegajosas, e do outro lado da escada há uma sala de estar e um pequeno cubículo para o telefone. Nas tardes quentes as irmãs jovens se acomodam no chão de cimento da capela no andar de cima com todas as janelas abertas para dormir uma sesta rápida.

Foi Mary Cohen, uma advogada da Ordem dos Advogados de Brasília, quem recomendou Dorothy para o prêmio anual da Comissão dos Direitos Humanos em dezembro de 2004, e que havia imediatamente se rendido aos encantos de Dorothy. Quando Dorothy estava em Belém, Mary ofereceu aconselhamento jurídico ou a ajuda de que pudesse precisar. Nessa última semana as duas passaram o dia todo trabalhando em alguns documentos, e Mary a pressionou para passar o fim de semana. Mas Dot disse que não podia porque seu povo estava esperando por ela.

Ela parou na casa da amiga Marga para almoçar. Marga lhe deu uma pilha de jornais e revistas para que levasse para as irmãs, ouviu as histórias de Dorothy e lhe disse que deveria falar com o bispo. Ele tinha de saber o que estava se passando. "Ela me olhou com aqueles seus olhos azuis", contou Marga, "e disse: 'Marga, você acha que ele não sabe? Ele ouve as notícias, lê o jornal — ele sabe. Ele deve ter suas razões para não fazer nada'. É claro que ela não queria falar com o bispo, para o caso de ele mandá-la partir. Ela teria de obedecer. Ou talvez não."

Padre Nello lembra que Dorothy chegou tropeçando com uma enorme pilha de papéis para xerocar no escritório do Conselho Missionário Indígena. "Ela tinha tanta coisa para fazer e estava em tal estado que começou a cometer erros." Ele sorriu. "Eu disse a ela: 'Dorothy, por que não fazemos um intervalo de almoço?'. E ela disse: 'Eu não posso. Não tenho tempo'. Mas quando dissemos: 'O.k., e que tal uma bebida, então?'. Ela disse: 'Agora é outra história. Isso eu posso agendar sem problemas'."

"Era o fim de semana do Carnaval", disse irmã Júlia. "Eu me lembro de vê-la sentada em sua cama, muito pensativa. Eu lhe disse: 'Dorothy, você está bem? Por que não fica uns dias? Qual a vantagem de voltar agora? Nada vai acontecer durante o Carnaval'.

"Bem, ela não disse nada por um instante, e então me olhou e disse que precisava voltar para ir a uma reunião. Aquela reunião infeliz. Estavam dividindo a terra e brigando por isso. Eu penso que ela estava se lembrando daqueles homens lhe dizendo: 'Mulher, o dia em que você pisar na nossa terra, nós lhe mataremos'. Isto é o que eu acho. Ela nunca disse nada. Mas eu acho que ela sabia. Acho que ela sabia que a morte estava próxima."

DEZESSETE

11 DE FEVEREIRO DE 2005

O TOYOTA PAROU com um solavanco do lado de fora da delegacia, e Dorothy empurrou a porta. "Bom dia", disse ela bem-humorada. "Estamos prontos para ir a Esperança. Vocês estão prontos?"

"Bom dia, irmã Dorothy", disse o sargento. "Só um instante — deixe-me checar com o chefe." Ele desapareceu nos fundos e houve uma pausa. Dorothy suspirou. Só um instante, só um instante. Quantos minutos, horas, semanas e meses ela passou esperando? Esperando que as outras pessoas fizessem seu trabalho? E quantas vezes ela foi recusada? Ela sabia no fundo que não podia confiar no chefe de polícia local. Mas talvez, apenas talvez, daquela vez... "Querido Deus, deixe que digam sim", ela implorou. "Apenas desta vez, deixe que digam sim."

Ela olhou pela janela. Chovia sem parar, e ela sabia que a estrada estaria ruim. Pensou no padre Amaro em Altamira com Felício. Eles iam para a grande inauguração da primeira reserva extrativista da região, na pequena cidade de Porto de Moz, no rio Xingu. Todo tipo de dignitários estaria presente, inclusive a ministra do Meio Ambiente, e seria um grande dia na luta pela sustentabilidade. Tinha havido muita oposição local à reserva, atiçada pelo prefeito de Porto de Moz. Ouviram-no declarar que reservas extrativistas não geravam emprego, não pagavam impostos e eram um modelo retrógrado de desenvolvimento. Além disso, a irmã Dorothy tentou interferir nos assuntos de seu município e ele sabia como cuidar dela...

Padre Amaro fez o melhor que pôde para persuadir Dorothy a ir com eles, mas ela estava inflexível. Tinha prometido fazer uma reunião em Esperança, e não podia desapontar os assentados. Além disso, tinha boas notícias para eles. O INCRA havia reafirmado que todos os documentos estavam em ordem. E, com relação aos matadores que queimavam as casas, ela estava confiante de que poderia convencê-los a deixar os assentados em paz. Afinal, eles não estavam ganhando nada com aquilo; estavam apenas trabalhando para o Tato, o Bida e outros. E, se encontrasse um desses dois, ela teria a proteção da polícia. O chefe de polícia de Belém prometera isso.

Os minutos se arrastaram, e Dorothy foi deixada sozinha.

A porta se abriu e o sargento apareceu. "Sinto muito, irmã Dorothy", ele começou, e Dorothy soube imediatamente o que ele ia dizer. Por um momento não pôde respirar. Então não iriam ajudá-la afinal, e em meio a um estado de tonteira ouviu a voz do sargento. Ia acontecer uma demonstração na cidade no dia seguinte; estavam com problema de transporte. O chefe de polícia lamentava muito...

Dorothy respirou fundo. Estavam por conta própria. "Obrigada, sargento." Sua voz era pouco mais que um sussurro ao se voltar para ir embora. "Deus, dê-me força, Deus, dê-me força", ela pensou ao caminhar rigidamente de volta ao carro que aguardava. Ivan olhou para ela inquisitivamente, e ela balançou a cabeça. "Sem sorte", disse a ele. "Dizem que não tem uma viatura."

Dorothy se acomodou no assento e tentou acalmar seu turbilhão de pensamentos. A polícia consistentemente recusava-lhes proteção, então por que imaginou que desta vez seria diferente? Esta questão do PDS tinha sido uma batalha desde o início, mas certamente as autoridades podiam perceber que as coisas agora estavam ficando terríveis. E o pior é que não era responsabilidade de ninguém. Não realmente. A raiz do problema era a questão de titularidade da terra, uma confusão que datava de trinta anos atrás. Quando o INCRA programou a terra dos assentamentos, não reparou no fato de que algumas concessões originais nunca tinham sido canceladas. As coisas começaram a alcançar o máximo em janeiro, quando Tato apareceu no lote 55 anunciando que tinha comprado três lotes de terra de seu amigo Bida, que por sua vez tinha comprado de Taradão. Quanto Tato foi inspecioná-los, descobriu que um tipo chamado Luís tinha construído uma casa bem na sua propriedade. Pior ainda, os assentados tinham aberto uma clareira na sua terra. Mas, como ninguém estava morando na casa, ele então enviou alguns de seus homens para tomá-la, e a transformaram em um depósito para sacas de semente de capim e fertilizante. Tato queria plantar seu pasto o mais rapidamente possível, enquanto as chuvas eram ainda propícias.

Seus homens não perderam tempo em avisar aos assentados que teriam de sair da terra, e as famílias de Esperança não sabiam como reagir. É verdade, tinha havido alguns incidentes feios. Mas a situação estava diferente agora. A irmã Dorothy tinha dito a eles que tudo ficaria bem, porque o dr. Roberto Kiehl estava vindo para esclarecer as coisas. Ele era o presidente do INCRA, e vinha de Brasília só para estar com eles. Cansados de violência, os assentados acreditaram na palavra de Dorothy, e, quando ela lhes pediu para encontrarem um local adequado para fazer a reunião, responderam que a única casa grande o bastante era aquela que Luís construíra. Eles sabiam que havia matadores morando ali; levaram então a maior quantidade de homens que conseguiram reunir, e comunicaram aos homens de Tato que teriam de liberar a casa para a reunião. Tato não gostou nem um pouco, mas não podia fazer nada para impedi-los, e a situação ficou ainda pior quando Luís chegou com sua enorme família e se mudou para lá. Os homens de Tato tinham feito um abrigo tosco de plástico ao lado e se mudaram para passar a noite. Mas não ficaram felizes com isso.

Depois disso Luís e sua família viveram com inquietação como vizinhos dos homens de Tato, Rayfran, Eduardo e Curupira, até o dia em que Tato chegou anunciando que bastava; ele ia ter de sair da casa. Desesperado, Luís disse a Tato que não tinha lugar para onde ir, que o tribunal estava examinando o caso da propriedade da terra, e que ele tinha sido comunicado pelo INCRA de que podia se mudar para lá. Porém, acrescentou rapidamente, se o tribunal deliberasse contra ele, ele partiria sem confusão. Se julgassem a seu favor, ele permaneceria. Confrontado com essa inesperada demonstração de energia, Tato se recolheu, mas voltou alguns dias depois, e desta vez disse a Luís que, se não saísse, queimaria sua casa.

Dorothy ficou horrorizada quando ouviu que Tato tinha concretizado sua ameaça e correu imediatamente até a delegacia de Anapu para registrar queixa. Alguns dias depois levou Luís a Belém para testemunhar perante a Polícia Federal e o secretário federal de Direitos Humanos, acrescentando que os homens de Tato estavam espalhando sementes de capim nos campos dos assentados, o que significava que não poderiam cultivar nada.

Dorothy tinha muitos amigos e apoiadores em Belém, e, quando retornou para Anapu na segunda-feira, dia 7 de fevereiro, bem no pico do Carnaval, levava documentos que o INCRA lhe havia entregado que sustentavam a demanda dos assentados de ficaram na terra. Seus amigos em Belém imploraram a ela para que ficasse mais alguns dias; era feriado e nada iria se passar até o fim da semana. Mas lá em Esperança as pessoas não paravam para o Carnaval, e Dorothy estava ansiosa para chegar em casa e preparar a reunião dos assentados no fim de semana.

Quando o Toyota chegou a Esperança, já tinha se passado muito da hora do almoço, e a primeira parada foi na casa de dona Maria para deixar o arroz e o feijão que alimentariam a comunidade no fim de semana. Maria insistiu em oferecer uma xícara de café e um pouco de mandioca frita, e Dorothy, entusiasmada, contou-lhe que tinha boas notícias para os assentados e que contaria tudo durante a reunião. Teriam todo o fim de semana para discutirem a respeito disso. Ela queria ouvir a história de cada um, pois iriam construir um futuro juntos e precisavam saber de onde estavam vindo.

Pegaram Maria e sua família e dirigiram para a casa de Manoel, onde a reunião iria acontecer. Uma pequena multidão já se reunira ali, e Dorothy tinha uma palavra para cada um. "Sabem o que eu gostaria de fazer antes de começarmos?", disse. "Gostaria de ir ao local do centro comunitário."

Houve um momento de pausa e então todos falaram ao mesmo tempo.

"Bem?", perguntou Dorothy com um sorriso. "Quem quer vir me mostrar?"

"Ouça, irmã Dorothy." A voz de Maria se ergueu sobre as outras. "Você não pode ir, me entende? Não é seguro. Tato manteve um bando de homens trabalhando por lá nos últimos dias, e não conseguimos descobrir o que está tramando. Mas, seja o que for, não é coisa boa. E estamos nos esforçando para ficar fora do caminho dele."

Geraldo franziu o cenho: "Se este é o caso", disse, "melhor não irmos".

"Claro que iremos", disse Dorothy decidida.

Todos ficaram em silêncio.

"Bem", disse Gabriel devagar, "apenas um ou dois de nós, certo? Não tem sentido provocá-los. Eu vou com você."

"Eu vou", disse Geraldo.

"Eu também", Nelda se ouviu dizendo. Era a primeira vez que vinha à floresta; ela achava as árvores gigantescas intimidantes, e se sentia segura perto da presença confortante da irmã Dorothy.

Entraram no Toyota e dirigiram passando pelos troncos enegrecidos que era tudo o que restara da casa de Luís, depois pela clareira onde Rayfran e Eduardo tinham jogado sementes de capim nos campos dos assentados, em seguida pela cabana rude de madeira que pertencia a Vicente, abaixo do morro onde um pequeno caminho levava à fazenda de Bida, e subiram a íngreme estrada até a futura sede do PDS Esperança. Ao caminharem com cuidado pelo caminho deslizante da floresta, podiam ouvir os sons das motosserras. Nelda ficou tensa. Através das árvores pôde perceber figuras inclinadas sobre uma árvore recém-tombada. Um deles estava serrando tábuas;

outro estava partindo lascas de madeira com um machado. Os outros dois fumavam sentados em um tronco. Ela sentiu os cabelos da nuca se eriçarem. Dorothy seguiu em frente tranqüilamente, com Gabriel e Geraldo, um de cada lado dela.

"Bom dia, amigos", ela disse. "O que está acontecendo aqui?"

"Veja por você mesma", disse um deles secamente. "Estamos construindo uma casa."

"E de quem é a casa que estão construindo?", perguntou Dorothy, com uma ligeira rispidez na voz.

"Minha", foi a resposta.

"Sinto muito", disse Dorothy. "Deve haver algum engano. Você não pode construir aqui. Esta terra pertence ao PDS."

Os quatro homens estavam de pé em um grupo fechado, e por um instante ninguém disse nada. "Sim", continuou Dorothy apressadamente, "ela pertence ao PDS. E viemos para realizar uma série de reuniões durante o fim de semana e explicar a situação a todos. Tem havido muita confusão, como sabem, mas graças a Deus foi tudo esclarecido agora. Os assentados podem ir em frente e começar a plantar." Ela enfiou a mão em sua sacola de pano e tirou um envelope. "Estes são os documentos do INCRA, de forma que está tudo resolvido. Na verdade, estamos para ter nossa primeira reunião. Tato, por que você não vem também? Você seria muito bem-vindo."

Tato não disse nada.

"Venha", disse Nelda. "Poderemos então explicar tudo de maneira correta."

Tato a ignorou e se voltou para a velha senhora bloqueando o seu caminho. "Escuta aqui, irmã", em voz firme. "Tenho duas coisas para lhe dizer. Primeiro, não tenho nenhum interesse em seu estúpido e pequeno PDS. E em segundo, não tenho de dar satisfação a ninguém, ninguém mesmo, sobre o que faço com a minha terra. Está entendendo? Vá em frente e chama a sua Polícia Federal se quiser. Cinqüenta homens não irão me tirar daqui."

Dorothy olhou para ele. "Meu filho", começou com sua voz suave, "diga aos seus homens para catar o capim que plantaram, porque já está começando a germinar. Vá para casa e cuide de sua família, e esqueça toda avareza."

Tato estreitou os olhos. "Irmã Dorothy", disse devagar e distintamente, "deixe-me dizer-lhe uma coisa. Se você puser gente na minha terra, não vai dar conta de carregar gente morta nas costas."

Gabriel enrijeceu. Ele sabia que os homens estavam armados e que Dorothy havia ultrapassado o limite. A situação tornara-se pessoal entre os dois, e poderia ser facilmente resolvida — com quatro tiros. Pegou Dorothy pelo braço, apertando mais forte do que pretendia. "Venha, Dorothy", disse a ela. "Temos de sair daqui. Agora." A distância dos duzentos metros de volta até a estrada foi a mais longa de sua vida e a cada segundo esperava ouvir a explosão de uma bala.

Geraldo sentiu o suor nas axilas e o odor do seu próprio medo. Ao se virar, um dos matadores deu um passo à sua frente. "Filho-da-puta!", insultou-o. "Não se meta com a gente."

Nelda tremia tanto que se perguntava se conseguiria andar. "Deus me ajude, Deus me ajude", ela pensou, colocando um pé diante do outro e seguindo a figura ereta de Dorothy de volta à estrada.

Subiram no Toyota em absoluto silêncio. O caminhão de Tato estava estacionado ali próximo, e mal tinham dado a partida quando ouviram o som do motor deste na estrada atrás deles.

Quando chegaram à casa de Manoel, os assentados já estavam reunidos e as notícias se espalharam como fogo. Alguns queriam ir embora imediatamente. Estavam aterrorizados com Tato; ele não queimara a casa de Luís praticamente com ele dentro? E a de Cícero? E a do Zé? Este homem não se detinha diante de nada, e eles não iriam ficar todos ali sentados esperando serem mortos.

Dorothy olhou em volta para os rostos ansiosos, e o murmúrio se encerrou. "Não se preocupe, gente", disse. "Ninguém irá nos machucar. Eles estão apenas tentando nos assustar, só isso. Somos mais numerosos que eles, e Deus está conosco, não é mesmo? Vamos agora sentar e planejar o fim de semana. Esta reunião é muito, muito importante, e precisamos ter certeza de que todos virão. Então, quando voltarem para casa esta noite, não deixem de falar com seus vizinhos, falem com todos que encontrarem, e digam que estejam aqui amanhã bem cedo. Digam-lhes que temos trabalho a fazer."

Os assentados não disseram nada e Nelda podia sentir que estavam muito nervosos. E sabia que homens nervosos eram difíceis de lidar. Segurou as contas de seu rosário apertadas entre os dedos: "Santa Maria, Mãe de Deus, rogai por nós, pecadores, agora e na hora de nossa morte, agora e na hora de nossa morte, agora e na hora de nossa morte"...

Ficava escuro no interior quando as nuvens começaram a se formar para a chuva da tarde. Nelda olhou em volta para os homens, com o rosto marcado pelo sol, suas mãos calejadas descansando sobre os joelhos, as mulheres com as crianças no colo, uma mãe jovem amamentando seu bebê, dois meninos brincando em um canto com um gatinho. Houve uma comoção na porta e um jovem entrou. Ele vestia um chapéu de caubói e jeans, e fumava um cigarro de rolo. Nelda percebeu que ele tinha um revólver na cintura de suas calças. Ele examinou os assentados, um sorriso frouxo nos lábios. Dorothy olhava firme para ele. Ela não o conhecia, mas podia imaginar a sua profissão. "O que queremos aqui", ela disse, "é paz. Queremos viver juntos em paz." O jovem deu-lhe um sorriso leve e saiu.

"Esta reunião", continuou Dorothy, "será para falar sobre o PDS. Agora que temos a terra, precisamos planejar como iremos trabalhar juntos. Não se trata apenas do lote 55. Sim, sei que esta é nossa maior preocupação. Mas isso ficou no passado. Estamos falando do futuro. Por isso é tão importante que todos venham. Trabalhamos duro para chegar a este momento, e, agora, podemos todos juntos nos dar um tempo de descanso para sonhar. E temos sorte, especialmente, por termos Genilson conosco. Ele é um especialista no cultivo do cacau. Ele diz que as condições aqui são perfeitas, e nos dará todas as informações sobre isso e como plantar. Tenho certeza de que não há aqui uma pessoa que não goste de chocolate."

As pessoas começaram a relaxar um pouco e a reunião continuou. Um carro passou, e então o ouviram voltar e parar do lado de fora. Nelda se virou bem na hora em que Tato e seus homens entraram e ficaram perto da porta, falando alto e rindo. Os assentados fizeram o possível para ignorá-los, mas a atmosfera na sala tinha ficado de repente carregada, e, embora houvesse muito a discutir, um a um cada assentado foi silenciando. Pouco depois das dezessete horas Dorothy encerrou a reunião, recusando a sugestão de Geraldo de que retornasse com ele a Anapu, porque tinha ainda muito a ser feito e ela queria começar cedo de manhã.

"Neste caso, você irá dormir em minha casa", disse Maria com firmeza.

"Oh, Maria", disse Dorothy, "você sabe que eu adoraria. Os outros podem ficar com você. Mas acabei de ser convidada para ficar na casa de Vicente. Ele quer conversar comigo."

Os assentados se dispersaram, com um humor derrotado, e Dorothy partiu pela estrada com Nelda e Maria. Pouco depois começou a chover, uma chuva contínua que as encharcou até os ossos. Não que tivesse muita importância naquele clima, mas Dorothy carregava seus documentos preciosos em uma sacola de pano, e então se abrigaram na casa de Cícero. Não havia muito espaço para se abrigar da chuva, já que a casa de Cícero tinha sido queimada. Cícero tinha se escondido na floresta quando viu os matadores chegarem, e depois se arrastou de volta e esticou um plástico sobre o pequeno depósito nos fundos, que eles não tinham se preocupado em queimar. As três mulheres se abrigaram no depósito, e pouco depois ouviram um carro passando.

Uns dez minutos depois a chuva amenizou um pouco e partiram mais uma vez. Estava nublado e logo iria anoitecer, e, embora Dorothy levasse sua lanterna solar, estavam ansiosos por se colocarem em segurança fora da estrada antes de escurecer. Mas, por mais que se apressassem, não puderam escapar de mais uma pancada de chuva, e quando estavam bem próximos da casa de Vicente começou a chover para valer.

Geraldo retornava a Anapu reclamando consigo mesmo de não ter dito nada quando Dorothy anunciou que ia passar a noite com Vicente. Ele nunca confiara no homem e já tinha falado sobre isso com Dorothy. Mas ela pensava sempre o melhor de cada um. Ela dizia a Geraldo que havia uma fagulha de bondade em cada uma das criaturas de Deus. E quando Geraldo argumentava que Vicente estava sempre às voltas com Tato e seus homens, fazendo bicos com eles, Dorothy ria e lhe dizia para não ser tão severo com o pobre homem. Ele não tinha nada neste mundo exceto sua filha pequena, então era de imaginar que ele quisesse ganhar algum dinheiro de tempos em tempos.

Geraldo acreditou nisso, e um dia, quando estava passando, parou a moto e foi ter uma prosa com Vicente. Perguntou-lhe se queria um lote de terra no PDS ou se preferia trabalhar com Tato. Vicente deu-lhe um pequeno sorriso torto e disse que sim, claro que gostaria de um lote de terra. Mas ele não encontrara ainda um assentado que lhe oferecesse trabalho e ele tinha a sua filha para considerar. Geraldo riu e disse que entendia perfeitamente, mas esperavam que os assentados pudessem viver bem o suficiente de suas terras e que não precisariam depender dos grandes proprietários. Mas Geraldo tinha ainda suas dúvidas sobre Vicente, e, quando soube depois que Rayfran e Eduardo costumavam ir à sua casa à noite, ele teve certeza de que seus instintos estavam corretos.

As casas dos assentados eram construídas de pau-a-pique com telhado de palha e chão de terra, e ainda assim eram limpas e acolhedoras. Porém a casa de Vicente era uma das mais pobres, e ele vivia sozinho com sua filha pequena. Tinha coberto de plástico preto o telhado e as paredes para se proteger da chuva, mas dentro da casa não havia nada além de um fogão de barro a um canto, uma mesa tosca onde pousava uma bandeja com três copos e uma moringa de água, algumas redes e dois banquinhos. Nelda deu uma olhada na menina com seus cabelos emaranhados e sorriso tímido e aproximou-se para falar com ela. A chuva caía pesadamente no telhado. Maria e Dorothy foram para perto do fogo, e Vicente se ocupou em esquentar uma panela com água para café.

Houve um barulho do lado de fora e Nelda olhou para cima, vendo dois homens se acercarem da casa. "Ei, Vicente", um deles gritou, batendo a lama de suas botas ao entrar, abrigando-se da chuva. "Está tendo uma festa aqui, hein? Dá uma água para nós, pode ser? A danada da estrada está com uma lama maldita, parece que não vamos sair daqui na correria." Nelda tremeu ao reconhecer Tato e Rayfran. Tato puxou Vicente para fora e os dois conversaram com vozes abafadas. Vicente, com maneiras rudes, chamou a menina e lhe disse que levasse água para Tato. "Ele bebeu no mesmo copo que eu", disse Nelda mais tarde. "Se ao menos eu soubesse."

Maria esperou os dois homens partirem antes de espiar e anunciar que era melhor irem embora. "E estes homens?", perguntou Nelda nervosamente. "Não se preocupe com eles", disse Maria com firmeza. "Eles moram no lado oposto ao nosso. Deixe-me contar sobre Rayfran. Um marginal. Eu me lembro do dia em que queimaram a casa de Luís..." Nelda teria preferido qualquer outro assunto a este, mas Maria não seria dissuadida. "Dei uma olhada no rosto deles", ela contou, andando pela estrada escorregadia, "e corri para minha casa, ajoelhei perto da minha rede e rezei seis ave-marias."

Dorothy já não conseguia mais dormir com conforto em uma rede, pois dava-lhe dor nas costas. Ela levava um colchonete, que desenrolou sobre o chão. Pendurou sua lanterna solar em um gancho na parede, apoiou sua sacola de pano em um canto, sentou-se em um dos bancos e sorriu para seu anfitrião. "Então, Vicente", ela disse. "Qual era o assunto que você queria conversar comigo?"

DEZOITO

12 DE FEVEREIRO DE 2005

"Venha, Rayfran", Tato rosnou. "Vamos andando. Se atolarmos neste tempo, nunca conseguiremos tirar este maldito caminhão daqui."

Ele estava ansioso por uma noite na cidade. Haveria suprimento para recolher — alimento, gasolina, uma nova corrente para a serra elétrica. Sempre havia alguma coisa. E era uma noite horrível para sair de carro. Ainda bem que Rayfran tinha trocado o pneu; o velho estava completamente careca.

Subiram no caminhão Ford cinza e ele acelerou forte morro acima, mas na metade do caminho o caminhão perdeu a tração e derrapou para trás, até que as rodas traseiras atolaram em uma lama funda na margem da estrada. "Maldito caminhão", ele murmurou. "Maldito e estúpido caminhão. Coisa estúpida que nem consegue subir uma estrada, por Deus. Salta e dá um empurrão. Não quero passar a noite nesta floresta abandonada por Deus."

Rayfran deu uma tragada no cigarro e espreitou na escuridão. Pelo menos a chuva tinha amenizado. "Coloca em segunda", ele disse para Tato, "e eu empurro. Mas ele tem um peso miserável, duvido que consiga movê-lo." Tato virou o motor enquanto Rayfran acomodava seu ombro na carroceria e empurrava com todo o seu peso, mas o caminhão não se moveu, e uma das rodas traseiras afundou ainda mais, respingando uma lama vermelha glutinosa nele todo. "Tente novamente", insistiu Tato lá do conforto relativo da cabine, mas desta vez a traseira do caminhão girou, e, se Rayfran não tivesse saltado para fora do caminho, teria sido atropelado.

"Jesus Cristo!", exclamou Tato. "Teremos de andar." Estava muito escuro, a estrada estava escorregadia, e havia uma chuva fina; tudo combinado, deixou Tato com um humor terrível. Caminhou pesadamente, em silêncio por um tempo, ponderando. As coisas não estavam boas. Quando achava que já tinha cuidado daqueles assentados incômodos, eles ressurgiram e iam passar o fim de semana falando sobre a terra. Tudo por causa daquela velha que interferia e se dizia uma freira. Que encorajava as pessoas a invadir a sua terra. Dizendo-lhes que o INCRA dissera que estava certo, que o INCRA dissera que podiam se mudar para a terra que estava corretamente registrada, que o INCRA dissera que ele não podia plantar os seus próprios campos. Quem ela achava que era, falando pelo INCRA? Todos sabiam que o INCRA nunca fizera nada para ajudar as pessoas. Tinham enviado um bando de agrimensores havia apenas algumas semanas, e o que acontecera com eles? Não duraram mais do que um dia. Declararam ser impossível realizar o trabalho deles.

O que Dorothy fazia era andar por todo lado como se fosse a salvadora das pessoas. Encorajando as invasões de terra. As pessoas disseram inclusive que ela pedira proteção à polícia. Mas felizmente eles tinham bom senso. Tinham um trabalho a fazer e não podiam perder tempo servindo de guarda-costas de uma mulher velha.

Guarda-costas para uma mulher velha? Que guarda-costas? Ela não estava passando aquela noite na casa de Vicente? Velha tola, ela não sabia de que lado Vicente estava?

Tato parou de repente. "Rayfran", disse, voltando-se para o companheiro. "Rayfran, meu amigo. Você é homem bastante para matar uma mulher velha, não é?"

Os pensamentos de Rayfran estavam longe. Ele se via em seu próprio lote de terra com seu próprio gado. Em algum lugar longe de todos os assentados criadores de caso, onde um homem pudesse trabalhar em paz e fazer sua fortuna. A voz de Tato o trouxe de volta à realidade. "O que é?", ele murmurou.

"É fácil, homem", disse Tato, batendo em suas costas. "Eu arrumo a arma. Você chama seu amigo Eduardo para puxar o gatilho, e ganhamos cinqüenta mil reais. O que acha?"

Rayfran não hesitou. "Homem bastante para matá-la?" Ele riu. "Claro."

Tato respirou aliviado. Não era nada complicado, afinal. Fácil de resolver. "Posso conseguir um .38", ele disse a Rayfran. "E hoje é a noite, porque ela está dormindo na casa de Vicente, e nenhum de seus homens está nas proximidades. Escuridão, chovendo pesado. Todos estarão dormindo, e ninguém ouvirá nada. Tudo o que vocês têm de fazer é se esgueirar até lá mais tarde, encontrar um buraco na parede grande o bastante para enfiar o cano da arma e *puff*. Um tiro será suficiente. Um tiro e você ganha cinqüenta mil reais."

"E se a polícia vier atrás de nós?" Rayfran estava pensando com mais clareza agora.

"Vir atrás de você?" Tato riu. "Como vão chegar até você? Eles nem saberão quem você é. Ninguém verá nada, ninguém ouvirá nada, e quando Vicente entender o que aconteceu, você já terá desaparecido na floresta. Oh, o chefe de polícia vai fazer um show de investigação. Mas não vai encontrar nada. Ele não estará muito interessado. Nenhuma das autoridades tem tempo para esta mulher — ela é pura encrenca."

Rayfran assentiu. Parecia um negócio bastante bom. Não que ele pessoalmente tivesse alguma coisa contra ela, mas dinheiro era dinheiro. Ele precisaria de uma oportunidade para puxar Eduardo de lado, e, mais tarde, depois de comerem alguma coisa e talvez tomarem um trago, iriam para a casa de Vicente.

Depois do frio da noite, a barraca de Tato era agradável e familiar. Catarino e Cleoni estavam escarranchados na rede conversando, Curupira mexia uma panela de feijão, e Cabeludo afinava a corrente da motosserra. "Ei, rapazes", disse Rayfran, batendo os pés e sacudindo a chuva do cabelo. "Eduardo está aqui?"

"E se estiver?", veio uma voz da rede pendurada em um canto.

"Bem, se ele estiver", disse o recém-chegado, "você pode lhe dizer que tenho um negócio para ele."

"Qual sua idéia de negócio?"

Rayfran se inclinou sobre a rede e sussurrou no ouvido do seu ocupante.

Do outro lado da estrada, na casa de Maria, estavam terminando a refeição e se preparando para a noite. As redes foram presas firmemente, o fogo brilhava no fogão de barro e a chuva batia gentilmente no telhado de palha. Os homens estavam sentados em banquinhos tomando café e falando sobre a estação do plantio, e Nelda ajudava Maria a catar o feijão para o almoço do dia seguinte. Ela se sentia aquecida e confortável, e aliviada de que o dia terminara em segurança. Havia muito pelo que esperar. A reunião com os assentados, o retorno para Anapu e se estabelecer adequadamente. A última semana tinha sido um turbilhão de lugares e rostos e viagens, e ela estava pronta para começar seu novo trabalho.

A quinhentos metros, na casa de Vicente, tudo estava quieto. Ele e Dorothy passaram um longo tempo conversando, com a menina enroscada em sua rede ouvindo o som suave das vozes. Logo dormiu profundamente. Pouco depois Dorothy se desculpou e pegou uma vela para ir ao cubículo onde Vicente havia colocado uma mangueira para fazer um chuveiro provisório. Ainda chovia, e a última coisa que ela ouviu quando se deitou sobre o fino colchonete no chão de terra foi o som das gotas de chuva batendo no telhado. Sonolenta, repassou a conversa com Rayfran e Eduardo. Os dois homens tinham aparecido vindo da floresta depois da conversa com Tato. Ela lhes disse que não deveriam estar jogando sementes de capim nos campos dos assentados. Explicara claramente a situação. Por que eles não ouviam? Rayfran se inclinou e lhe disse em voz baixa que ela gostasse ou não, eles iriam construir aquela casa. Sobre seu cadáver, se necessário. Ela se lembrou de tê-los convidado para a reunião e o olhar no rosto deles enquanto riam. Ela se lembrou de segurar suas mãos, dizer adeus e "Deus te abençoe". E pediu a Deus que suavizasse seus corações e lhes mostrasse a bondade e o amor.

Ela estava deitada de costas, roncando de leve, quando eles chegaram atrás dela. Ninguém se moveu quando eles se arrastaram para fora da barraca, nenhum cachorro latiu ao caminharem pela estrada para a casa de Vicente. Não havia um ruído, nenhuma luz, nada que indicasse que alguém estava ali. Os dois homens chegaram à casa, suspenderam a respiração e ouviram. Um leve som de ronco vinha de dentro. Mas as paredes estavam recobertas com um plástico preto, e, embora tivessem dado várias voltas na casa, não enxergavam nada e não conseguiam achar um lugar por onde passar o cano do revólver.

Ninguém ouviu quando retornaram. Rayfran tirou as roupas molhadas, mergulhou sob as cordas que sustentavam a rede de Catarino, e deslizou para dentro da sua. Ficou acordado por um longo tempo com o coração batendo rápido. Cinqüenta mil reais. Dinheiro fácil. Amanhã seria o dia. Ele discutira o assunto com Eduardo ao voltarem da casa de Vicente. Dorothy acordaria cedo e iria direto para a barraca de Manoel, para se preparar para a reunião. Passada a casa de Vicente, havia a subida do pequeno morro, e vinha uma curva na estrada onde as árvores eram altas dos dois lados — o local perfeito para uma emboscada.

Estava ainda escuro quando Nelda acordou, e não conseguia ver seu relógio para saber que horas eram. Todos dormiam, e o único som era o da chuva no telhado. Ela se virou em sua rede, e, puxando o fino lençol sobre sua cabeça, mergulhou em um cochilo. Não era ainda hora de levantar. Então ouviu duas vozes falando baixo e passos ao longe. "É cedo para estar de pé", pensou consigo mesma ao fechar os olhos e focar nas suas ave-marias matinais. Antes de chegar à quinta repetição, adormeceu novamente.

Na casa de Vicente, Dorothy se virou, subitamente desperta. Estava escuro e silencioso, mas ela podia ouvir o tamborilar suave da chuva. Ela amava a chuva. Sempre tinha gostado.

Mas tornava a vida das pessoas difícil nos lugares remotos. Demorava-se mais para tudo, as estradas eram escorregadias, lenha negava fogo, e tudo cheirava a mofo.

Ela bocejou e se alongou. Podia sentir seus velhos ossos rangendo. Cantarolou uma velha canção... Ela não era mais o que costumava ser... Dorothy sorriu para si mesma. Como ela gostava de cantar quando criança, sem jamais pensar que um dia ela estaria velha e rangendo e irritável. "Era melhor assim, que não se pudesse ver o futuro", ela pensou ao se virar e continuar dormindo.

Tato abriu os olhos e ficou deitado de costas, escutando. Não ouvira nada a noite toda. Por que não o tinham acordado? Sentou-se e olhou em volta. Todas as redes estavam ocupadas. Jogou as pernas para baixo, procurou as botas, virou-as de cabeça para baixo, sacudiu-as e calçou-as. Ainda estavam úmidas e enlameadas da noite anterior. Catarino não se moveu, e Tato foi tateando pela parede até a rede de Rayfran. Inclinou-se sobre a forma adormecida. "Então?", sussurrou.

Rayfran abriu os olhos e viu o rosto de Tato meio turvo. Tato se aproximou mais e colou os lábios em seu ouvido. "Perdeu a coragem, não foi?"

Rayfran sentou-se. "Não enxergava coisa nenhuma", ele disse. "Mas não se preocupe, vamos concluir o serviço hoje." Saiu de sua rede, abriu a porta para urinar, e foi acender o fogo para o café.

Eduardo perambulou até o fogo e tateou na meia-luz buscando o prato de farofa. Farinha de mandioca misturada com pedaços de carne cartilaginosa, que preencheu o buraco em seu estômago enquanto esperava o primeiro gole de café. Colocando a mão na cintura, não sentiu o .38, e lembrou-se de tê-lo embrulhado em uma sacola de pano que pendurou no gancho de sua rede. Ao passar por Rayfran, sussurrou em seu ouvido: "Vamos ganhar um dinheiro fácil, hoje".

Meia hora mais tarde os homens estavam prontos para o trabalho. Tato entreteve a idéia de levá-los todos para desatolar o caminhão, mas tinha outras coisas em mente para aquela manhã. Aproximando-se por trás de Rayfran, ele sussurrou: "Não estraga as coisas desta vez, certo?", e foi embora sem olhar para trás. Os homens seguiam em duplas e trios, com Rayfran e Eduardo na retaguarda, carregando um saco de semente de capim. Iam acabar de jogar a semente de capim no campo que Cícero limpara. Já tinham praticamente terminado e o capim já germinava. Em algumas semanas não haveria jeito de plantar outras coisas nesse pedaço de terra.

Não havia sinal de vida em nenhuma das casas quando passaram, e, quando chegaram à curva da estrada, pararam. Eduardo colocou no chão o saco de semente que vinha carregando e sentou-se nele, enquanto Rayfran verificava a arma. O tambor estava cheio, mas eles só precisariam de um tiro.

Dorothy estava de pé e pronta enquanto Vicente ainda tomava seu banho. "Vou indo na frente", ela disse para ele. "Deixe-me fazer um pouco de café para você", veio a resposta abafada. "Não precisa", disse Dorothy. "Haverá café na reunião. E pão. Vejo você lá."

Dorothy partiu veloz pela estrada. Ao passar pelo abrigo coberto de plástico onde Cícero morava, ele colocou a cabeça para fora. "Bom dia, irmã Dorothy", disse alegre. "Como vai nesta manhã? Madrugou, né?"

"Isso mesmo." Ela sorriu para o seu cabelo desgrenhado. "Há trabalho a ser feito. Você está pronto?"

"Não ainda", ele lhe disse. "Preciso me arrumar ainda um pouco. Mas queria saber se poderia me dar um pouco de arroz, não tenho nenhum em casa."

"Claro que posso", ela lhe disse. "Haverá muito na reunião, e vou assegurar que você leve um pouco para casa, certo? Não podemos deixá-lo com fome."

"Obrigada, irmã", disse Cícero. "Vá indo na frente que já a alcanço."

Dorothy caminhou morro acima para onde a estrada fazia a curva. Ao virar ela viu Rayfran e Eduardo saírem da floresta. Por um momento ficou assustada. Estariam vindo para a reunião afinal? "Bom dia", ela disse um pouco hesitante. "Vocês mudaram de idéia?"

"Não, estamos indo trabalhar", disseram.

"Plantando semente de capim?"

Eles assentiram.

"Oh, meus queridos", disse Dorothy em sua voz suave. "Não façam isso. É um crime plantar pasto nas terras dos assentados."

"Deixe-me lhe perguntar uma coisa", disse Eduardo com um pequeno sorriso. "Você gosta de comer carne?"

"Oh, sim", respondeu Dorothy, sorrindo. "Mas há muito gado na região, e esta terra pertence ao PDS, e eles estão plantando cacau. Então sinto muito, mas vocês vão ter que arrancar o capim."

Eduardo sentou-se no tambor e acendeu um cigarro. Não sabia por que estavam perdendo tempo conversando. Melhor acabar o serviço logo antes que chegasse alguém. Ele piscou para Rayfran, e então ouviu aquela voz suave novamente.

"Não é sua culpa. Eu compreendo sua posição. Vocês são apenas mão-de-obra contratada. Mas deixe-me mostrar-lhes o mapa, e verão por si mesmos."

Dorothy abriu sua sacola de pano, inclinou-se e espalhou o mapa no barro vermelho da estrada. "Estamos aqui." Ela apontou para a estrada. "E esta é a terra que Tato está reclamando. Mas o INCRA diz que pertence ao PDS."

Nenhum dos homens estava ouvindo. Rayfran pegou a arma, mas Eduardo balançou a cabeça quase imperceptivelmente e Rayfran parou. Dorothy se levantou, dobrou seus mapas e ajustou os óculos. "Esta é a situação", ela lhes disse. "E é melhor eu ir andando." Ela esticou a mão e Rayfran a pegou, Eduardo se levantou um pouco, e ela pegou a mão dele.

Dorothy se voltou para ir, e Eduardo acenou. Rayfran puxou a arma. "Irmã!", ele gritou.

Dorothy se virou e viu a arma. Ficou ali parada um instante, paralisada. "Meu Deus!", disse a si mesma. "Ele realmente quer me matar."

"Bem, senhora", ela o ouviu dizer, "se não resolvermos este assunto hoje, não resolveremos mais."

CÍCERO JOGOU ÁGUA FRIA no rosto e saiu rápido atrás de Dorothy. Ele não entendia por que ela tinha ido sozinha.

Ela não sabia que não era seguro? Aquele homem, Tato, era um perigo para todo mundo. Cícero tinha ido ao local da sede do PDS alguns dias antes e vira Tato sentado na madeira que os assentados tinham cortado. Bem, ele não tinha medo de Tato, mesmo depois de sua casa ter sido queimada, e ele lhe disse diretamente: "Olha, Tato, esta madeira não é sua e esta terra também não". E Tato tinha rido na sua cara e dissera: "Se quiser lutar, lutaremos. E, se eu morrer, levarei vinte assentados comigo". No dia seguinte Tato tinha passado dirigindo seu caminhão cinza e viu Cícero cavando uns buracos para colocar uns postes e construir uma tenda para si. Ele parou o carro e gritou: "Se você não parar de cavar buracos, sabe quem irá terminar neles, não sabe?".

Cícero virou a curva e viu Eduardo sentado sobre o tambor. Dorothy estava de pé, próxima, e Rayfran lhe apontava uma arma. Cícero sentiu seu coração acelerar, e, sem parar para pensar, viu-se na floresta atrás de uma enorme árvore. Segurando a respiração, ele olhou em volta e viu Dorothy mexer na sua bolsa.

"Não faça isto", ela dizia para Rayfran. "Não atire em mim."

Rayfran ficou tenso. "Tira a mão da sacola!", ele gritou. "É uma arma o que você tem aí ou o quê?"

"Eu não tenho arma", ela respondeu em sua voz suave. "Minha única arma é esta." E ela tirou sua Bíblia e a abriu calmamente.

Rayfran e Eduardo a observavam, hipnotizados. Detrás da árvore, Cícero fechou os olhos e rezou uma breve oração. Aproveitando-se de reservas que ela nem sabia que tinha, Dorothy leu com uma voz equilibrada: "Abençoados são os puros de coração, pois eles verão Deus. Abençoados são os dóceis, pois eles herdarão a terra. Abençoados são os que têm fome e sede de justiça...".

Ela fechou sua Bíblia e olhou nos olhos de Rayfran. Eles estavam duros como uma rocha. "Bem, senhora", ele lhe cuspiu, "chega disso."

O silêncio da floresta foi rompido por um tiro e Dorothy caiu por terra. A última coisa que viu foram as botas de Rayfran, de pé, esvaziando o tambor de seu revólver. Tudo ficou preto.

Os dois matadores se viraram sem uma palavra e correram para dentro da floresta. Cícero segurou a respiração e os observou enquanto partiam, e então, soluçando, correu na direção oposta o mais depressa que seus pés podiam levá-lo.

Houve um silêncio absoluto e então começou a chover sobre o corpo de Dorothy deitado na estrada, misturando seu sangue com o barro vermelho do chão da floresta.

Epílogo

NENHUM DOS ENVOLVIDOS na morte de Dorothy podia ter tido a menor idéia da repercussão que ela iria causar, em nível local, nacional e internacional.

Naquele dia chuvoso na floresta, os assentados choraram juntos e se aconchegaram nas barracas horrorizados com a possibilidade de outras mortes. Um ou dois deles se esgueiraram furtivamente pela floresta para se certificarem de que Dorothy estava ou não morta, mas o corpo de Dorothy foi deixado na chuva até a polícia chegar no final do dia. Alguém incendiou o carro de Tato e dois de seus homens foram mortos. Uns dizem que foi vingança; outros dizem que foram silenciados. O corpo de Dorothy foi levado para Belém, e houve um velório na igreja de Santa Maria Goretti.

Dormente com o choque, irmã Julia estava sentada na igreja quando ouviu um dos assentados falando com Dorothy. "Está tudo bem, irmã Dorothy", ele lhe disse, "não estamos enterrando você, estamos plantando uma semente." O corpo foi enviado para Altamira de avião e depois para Anapu, onde centenas de enlutados seguiram seu caixão até o centro da paróquia São Rafael e a deitaram para descansar à sombra da mangueira.

O governo reagiu com alacridade. Ministros foram enviados para a região e prometeram trazer paz e justiça para os pobres. Quatro dias depois do assassinato, uma reunião de emergência foi realizada no escritório do INCRA em Belém. Uma missão conjunta reunindo o INCRA, o IBAMA, a Polícia Federal, a Polícia Rodoviária e as Forças Armadas foi enviada a Anapu para realizar inspeções e avaliações topográficas, regularizar a titularidade da terra e manter a lei e a ordem. O ministro do Desenvolvimento Agrário anunciou um pacote de medidas a ser implementado nos trinta dias seguintes, que incluía mapeamento, inspeções e desapropriação de terra improdutiva.

Em junho, o povo indignado de Anapu percebeu que pouco havia sido feito. As estradas não tinham sido melhoradas, nenhuma avaliação fora feita, nenhum título de terra fora regularizado. O INCRA replicava que não tinha recursos; não havia computadores, mapas e dinheiro. Além disso, a equipe do INCRA não conseguia entrar em algumas das áreas disputadas, fortemente defendidas por matadores contratados. Em setembro, Luís (cuja barraca fora queimada) anunciou que nada mudara. Por toda parte havia homens armados, as invasões de terra continuavam, e a taxa de desflorestamento aumentava.

A polícia, no entanto, agiu com rapidez. No dia 14 de fevereiro um mandato foi emitido para a prisão de Tato, e dois dias depois ele se entregou. Rayfran foi preso em 20 de fevereiro, e seu cúmplice, Eduardo, no dia seguinte. Eles confessaram o assassinato e contaram à polícia que tinham se escondido na fazenda de Bida, onde enterraram a arma do crime. Em 8 de março, o escritório do promotor-geral acusou Rayfran e Eduardo de assassinato e Tato e Bida (que estava foragido) de serem os mandantes do crime. Depois da negociação de seu advogado, Bida se entregou em 27 de março, e, em 8 de abril, Regivaldo foi preso. Dos cinco, ele era o único que resolutamente se declarava inocente, embora se diga que ele comentara em janeiro de 2005 que não haveria paz em Anapu até que se lidasse com a irmã Dorothy. Cícero, a única testemunha do assassinato, testemunhou para a polícia e entrou no recém-criado programa de proteção à testemunha.

Em abril foi feita uma solicitação à Procuradoria Federal para tornar o crime federal, com a justificativa de ser uma violação grave aos direitos humanos; o Judiciário estadual e o federal foram negligentes não protegendo a vítima, e a República Federativa do Brasil era signatária da Convenção Internacional de Direitos Humanos. Em junho o pedido foi revisto pelo Supremo Tribunal e negado, porque a ação do Judiciário do estado tinha sido tanto rápida quanto eficiente e todos os suspeitos estavam presos.

Sob uma crescente pressão nacional e internacional, e com a ajuda da Polícia Federal, os dois matadores foram levados a julgamento em 9 de dezembro, um recorde na história de um estado cujo sistema legal não é conhecido por ser nem eficiente nem imparcial. O julgamento foi assistido por um observador especial das Nações Unidas, Hila Jalani, dignitários locais, jornalistas brasileiros e internacionais, representantes de ONGS, membros familiares e irmãs da Congregação de Notre Dame. Ônibus lotados com amigos e apoiadores de Dorothy vieram de Anapu e montaram barracas na praça do lado de fora do tribunal.

Nem Rayfran nem Eduardo contestaram a acusação. Rayfran foi condenado a 27 anos (o que automaticamente lhe dava direito a um segundo julgamento com júri). Este segundo julgamento aconteceu em 22 de outubro de 2007, quando ele foi recondenado — porém, mais tarde o julgamento foi anulado por razões técnicas. Eduardo foi sentenciado a dezessete anos sem novo julgamento. Tato, Bida e Regivaldo contestaram, cada um, as acusações, levantando ações para *habeas corpus*. Tato foi julgado em abril de 2006 e declarado culpado de ser o intermediário e sentenciado a 27 anos de prisão, reduzidos para dezessete por ter cooperado com a polícia.

O pedido de Bida de *habeas corpus* foi negado, e em 15 de março de 2007 ele foi julgado, condenado e sentenciado a trinta anos de prisão. Seu segundo julgamento está marcado para 5 de maio de 2008. Em março de 2008 houve uma tentativa por parte dos advogados de defesa de fazer com que Eduardo e Tato cumprissem suas penas em liberdade, visto que já tivessem cumprido a sexta parte em reclusão. Essa tentativa foi frustrada. O pedido de *habeas corpus* de Regivaldo foi aceito e ele está aguardando julgamento em liberdade.

Apesar dos esforços consideráveis do escritório da Promotoria Pública e dos grupos de direitos humanos, tanto na Amazônia como em lugares distantes, nenhuma das pessoas mencionadas em conexão com a morte de Dorothy — Luis Ungaratti, Délio Fernandes, Yoaquim Petrola, os prefeitos de Anapu e Porto de Moz, e membros da família Barbalho — foi presa. O que não surpreende os ativistas de direitos humanos da região.

Dom Erwin, o bispo do Xingu, afirmou: "Os pobres na Amazônia descobriram mais uma vez que não há Justiça para eles. Aquele que não tem dinheiro perde sua causa, mesmo se for inocente. Se é pobre, vai apodrecer na cadeia. Os ricos são liberados para aguardar julgamento em liberdade, o que significa que jamais serão julgados".

Entre os que jamais serão acusados de estarem relacionados ao assassinato, dom Erwin fala daqueles que vociferaram que Dot fosse morta, que a difamaram e a acusaram de armar os assentados, que participaram da reunião secreta em Altamira para conspirar a sua morte, e que soltaram fogos quando souberam que a ação fora feita. Que tipo de Justiça, troveja o bispo, é esta?

E mesmo assim há um tipo de justiça. Em todo o mundo, as pessoas ouvem a história de Dorothy e se comovem com ela. Grupos no Brasil, nos Estados Unidos e na Europa estão mantendo viva sua memória fazendo *lobby* pela reforma agrária, por justiça social, por maneiras mais simples e justas de viver, por um cuidado melhor com o nosso planeta.

E em cada muda de árvore plantada, cada criança inscrita na escola, em cada família estabelecida na terra, continua vivo o legado da irmã Dorothy.

Este livro, composto na fonte Fairfield
e paginado por Monika Bruttel,
foi impresso em Pólen Soft 80g na
Prol Editora Gráfica.
São Paulo, Brasil, no outono de 2008.